Aggressive In-Line-Skating

HOME
BOY

Aggressive In-Line-Skating

street and vert

Equipment • Tricks • Action

Herausgegeben von Uli Sauter
unter Mitarbeit von
Benjamin Drescher • Marc Heinzmann • Richy Sedlar • Ingolf Willuweit

FALKEN

Im FALKEN Verlag sind zum Thema „Sport & Fitness“ zahlreiche Titel erschienen.
Sie sind überall erhältlich, wo es Bücher gibt.

Dieses Buch wurde auf chlorfrei gebleichtem und säurefreiem Papier gedruckt.

ISBN 3 8068 1836 3

Titelbild: Michael Reusse, München
Rückseite: Michael Reusse, München
Fotos: Michael Reusse, München
Zeichnungen: Vertical Technik
Umschlaggestaltung: Elisabeth Berthauer
Graphische Gestaltung und Herstellung: VELO X PRESS Redaktionsbüro Carlson Reinhard/ Valentina Steinwidder, München
Redaktion: VELO X PRESS Redaktionsbüro Carlson Reinhard, München/Jürgen Knöppler
Nachauflagenredaktion: Markus Hederer

Satz: VELO X PRESS Redaktionsbüro Carlson Reinhard/Valentina Steinwidder
Druck: Offizin Andersen Nexö Leipzig
ein Betrieb der INTERDRUCK Graphischer Großbetrieb GmbH, Leipzig

817 2635 4453 62

Inhalt

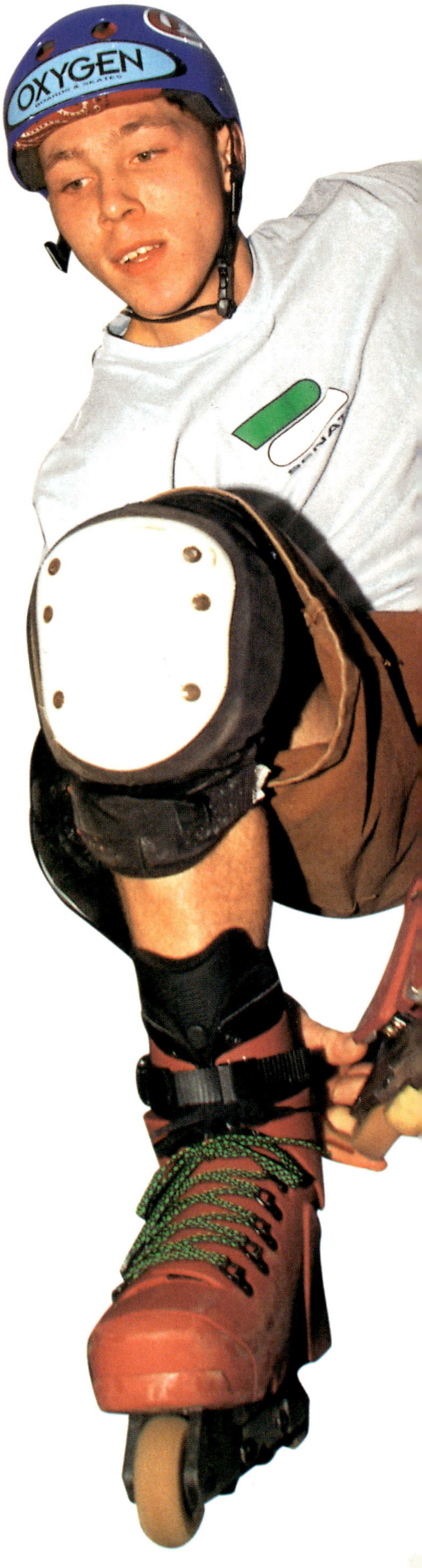

Mehr als sechs Millionen Deutsche fahren mittlerweile schon auf Skates durchs Leben. Was als spektakulärer Sport für waghalsige Kids begann, entwickelt sich nun langsam zur Wettkampf-Disziplin. Dabei ist In-Line-Skating jung und entwicklungsfähig genug geblieben, um den zumeist jugendlichen Aktiven noch Freiräume zur Selbstverwirklichung zu bieten. Nach wie vor träumt jeder Skater doch davon, eines Tages jenen einen ultimativen „run" für sich zu finden, perfekte Balance zwischen der eigenen Brillanz auf schnellen, schmalen Rollen und der Welt da draußen herzustellen, die voller Hindernisse ist...

In-Line-Skating – ein Trend erobert Deutschland

Speziell die sportlich-anspruchsvolle Version „Aggressive", ihrerseits unterteilt in die Teildisziplinen „Street" und „Vert" (Artistik in der Halfpipe), ist solch ein Spielfeld der ungezügelten Lust am Skating. Da ist alles erlaubt, und jeden Tag erfinden ungezählte Aggressive-Skater weltweit neue Tricks dazu. Sie probieren einfach etwas Neues solange aus, bis es, nach unzähligen Stürzen, endlich klappt.

Einsteigern ins Aggressive-Skating will dieses Buch eine „Abkürzung" bieten – indem es unnützes Herumprobieren überflüssig macht. Wir wollen die grundlegenden Fragen zu Taktik, Technik und zur optimalen Ausrüstung beantworten, die sich Neulingen auf den schnellen Rollen zwangsläufig stellen. Dabei denken wir nicht allein an Kinder oder Jugendliche, sondern auch an jene, die in ihrer Jugend schon auf Rollschuhen oder Skateboards durch die Straßen flitzten, und nun von einem Abstecher in die Halfpipe träumen.

Die Mitarbeit von Autoren wie Richy Sedlar (Deutscher Street-Meister 1996, Benjamin „Muruck" Drescher (Deutscher Vize-Meister 1996 in der Halfpipe), Marc „Heinzi" Heinzmann (deutscher Spitzen-Skater in der Halfpipe) und Ingolf „König" Willuweit (ehemaliger Lehr-Teamer des D.I.V.) stellt höchste Qualität bei den Übungsanleitungen und den Beschreibungen der Tricks sicher.

In den USA konnten wir außerdem weltbekannte Profi-Skater wie Chris Edwards, Mike Scott, Matt Salerno, Chris Hines, Eric Schrijn, Marco Hintze, Tracey White sowie Newcomer wie Scotty Nelson, Bubbas Yada, Anthony Hercules, Bryan Jaggers, Josh Petty, Briann Nunn, Tory Rex und Mike Giacinti zur Mitarbeit an diesem Buchprojekt gewinnen. Während zahlreicher Sessions verewigte der für seine spektakulären Bilder vom Aggressive-Skating weltbekannte Fotograf Michael „Michie" Reusse diese Fahrer und die Autoren auf zahlreichen Filmrollen. Die besten seiner Bilder haben wir ausgesucht.

Zum Schluß ein wichtiger Hinweis für alle interessierten Aggressive-Skater: Profis und Newcomer tragen beim Skating manchmal nur unzureichende Schutzausrüstung, vielfach fehlen Handgelenk-Schützer und Helme. Dieses Risiko nehmen Experten in Kauf. Dank ihrer großen Erfahrung wissen sie, wie man bei einem Sturz richtig fällt. Großen Stars sollte man aber nicht blind und in allem nacheifern, denn gerade beim artistischen, oft tollkühnen Aggressive-Skating ist die Gefahr, sich ohne Schutz ernsthaft zu verletzen, recht groß.

Wir, die Autoren und der Herausgeber, skaten selbst nur mit kompletter Protection: Helm, Handgelenkschützer, Ellbogen- und Knieschützer, teils auch mit Schienbeinschützern. Dies sollten am besten alle Aggressive-Skater tun.

Es gilt die Devise: „Skate smart – und nur mit Schutz!"

Uli Sauter

No Limits!

Aggressive-Skating – diese Bezeichnung für eine bestimmte Form des In-Line-Skate-Sports ist bis heute umstritten. Es waren die Herausgeber des amerikanischen In-Line-Magazins „Daily Bread“ sowie die Chefs der Herstellerfirma „Senate“, die 1991 erstmals von „Aggressive“ sprachen. Tatsächlich „erfand“ man diesen Namen regelrecht, als damals so bekannte Skater-Persönlichkeiten wie Arlo Eisenberg und Jess Dyrenforth mit einigen anderen Pionieren des In-Line-Skating zusammensaßen und sich überlegten, wie man ihre ganz spezielle Spielart des riskanten und hochgradig artistischen Skatings denn nur nennen sollte. Arlo Eisenberg meinte schlicht: „Rollerbladen“, aber den anderen reichte das nicht. Ihnen schwebte schon vom Namen her eine klar erkennbare Trennung von all den herkömmlichen Spielarten des In-Line-Skatings vor – wie „Fitneß“, „Hockey“ oder „Speed“. So kam man schließlich auf „Aggressive“. Mit diesem ungewöhnlichen Namen sollte die Botschaft verbunden sein, daß man mit viel Mut und Können jedes noch so schwierige Hindernis attackieren – und so auf Skates in artistische Dimensionen vorstoßen kann, die bislang höchstens ehrgeizigen Tagträumen vorbehalten gewesen waren.

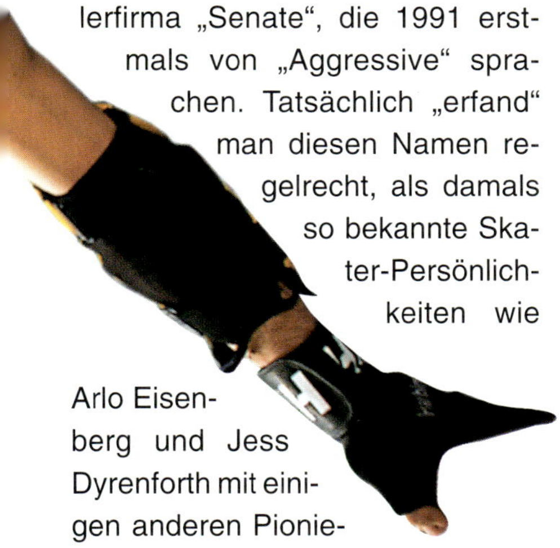

Die Teilnehmer dieser kleinen Runde registrieren heute überrascht, daß sich der von ihnen geprägte Begriff durchgesetzt hat; vor allem in Deutschland.

Doch es gab und gibt auch andere Stimmen. Tom Frey aus Australien etwa, selbst Weltklasse-Skater, behauptet von sich, kein „Aggressiver“ zu sein. Er haßt dieses Wort.

Übrigens: Alternativ warf man damals auch die Bezeichnung „Stunt-Skating“ mit in die Namensdiskussion. Doch ob man's nun Rollerbladen nennt, ob Stunt-Skating oder Aggressive-Skating: Für diese Form von In-Line-Skating gilt der Slogan: „Mach das Unmögliche möglich, geh bis ans Limit, und überwinde die Grenzen! Sei frei!“

Doch Vorsicht: Das bedeutet nicht, daß man sich anderen gegenüber etwa unfreundlich, rücksichtslos und aggressiv verhalten soll. Nach dieser Einschränkung aber gilt eigentlich nur eines: „Hab soviel Spaß wie möglich auf den Skates!“ Genau das wollen wir in diesem Buch vermitteln: Spaß beim gemeinsamen Lernen und Üben im Freundeskreis, egal, ob es dabei um Street- oder Vert-Elemente geht. Vorab aber geben wir ein paar Tips zur richtigen Ausrüstung, zu Schuhen, Schutzausrüstung, Zubehör und Mode. Im darauffolgenden Kapitel erklären wir – auch mit Hilfe von Skizzen – alle Begriffe rund um unsere „Spielgeräte“ Halfpipe, Quarter, Olliebox, Rails und andere Obstacles. Zudem bekommt ihr, zur eigenen Sicherheit, noch ein paar Praxis-Tips zum Street- und Vert-Fahren mit auf den Weg.

Um den Körper auf die schweißtreibenden Übungen einzustimmen, solltet ihr nach dem allgemeinen Aufwärmen am besten zuerst einige Dehnübungen machen, die ihr zur Entspannung auch im Anschluß ans Skaten noch einmal anwenden könnt. Das lockert nicht allein die Muskulatur, sondern schützt euch zudem vor Verletzungen.

Fun nicht nur beim Skating, sondern auch beim Schreiben und Fotografieren hatte das Autoren-Team. V.l.n.r.: Benny Drescher, Uli Sauter, Marc Heinzmann, Richy Sedlar und Ingolf Willuweit.

Mit diesem Grundwissen gewappnet, könnt ihr euch dann sofort auf die ersten Lektionen zum Street- oder Vert-Fahren stürzen. Zahlreiche methodische Übungsreihen führen euch Schritt für Schritt zu den Grundelementen der beiden Disziplinen des Aggressive-Skating.
Wer dann die Grundlagen gut beherrscht, der kann sich auch an die Profitechniken wagen! Aber Vorsicht! Einige dieser Kunststücke sind tatsächlich nur den weltbesten Profi-Skatern vorbehalten.
Ihr solltet sie in diesem Buch zunächst auf eindrucksvollen Bildern studieren und irgendwann einmal, nach langer Übungszeit, selbst probieren. Aus gutem Grund geben wir für diesen Hochleistungsbereich des In-Line-Skatings keine ausführlichen methodischen Hilfestellungen mehr. Denn nur ein Weg führt euch ganz nach oben: üben, üben, üben!

Noch Fragen?

Kommt ihr anschließend – und sicher leicht groggy – nach Hause und wollt dann noch die grauen Zellen ein wenig auf Trab bringen, so wartet am Ende dieses Buches ja noch der „Vokabel-Teil“: Im Aggressive-Glossar sind in knapper Form noch eimal alle Begriffe erklärt. Außerdem findet ihr dort das aktuelle Verzeichnis aller Skate-Hallen und -Parks in Deutschland.
Bleiben nach dem Lesen dieses Buches noch wichtige Fragen offen oder benötigt ihr weitere Information, könnt ihr euch direkt an die Firmen, Magazine oder Szene-Kenner wenden, die im Verzeichnis „Kontaktadressen“ aufgelistet sind.

Diese Firmen halfen ...

Last but not least bedanken sich Autoren, Herausgeber und Verlag für die außergewöhnliche Unterstützung bei den Firmen ● Atomic Deutschland (Oxygen), ● Benetton Sportsystem Deutschland (Rollerblade), ● Escape Clothing (Timezone), ● H.T.B. In-line-Products and more (HTB-Kugellager), ● Mako Sport (Ultra Wheels, Boss, Hyper, Harbinger, Hangers), ● Powerslide (Boneless, Pro-Design, Pro-Tec, Remline, Senate, #976 Launderings, Royal Shiftie), ● Sunshine (Razors, Skin), ● Vertical Technic (Vertical Ramps) und G-Ramps. Ohne ihre Hilfe hätte dieses Buch nicht entstehen können.
Sie alle tragen mit der Entwicklung neuer und verbesserter Produkte dazu bei, unseren Skate-Sport sicherer und attraktiver zu gestalten.

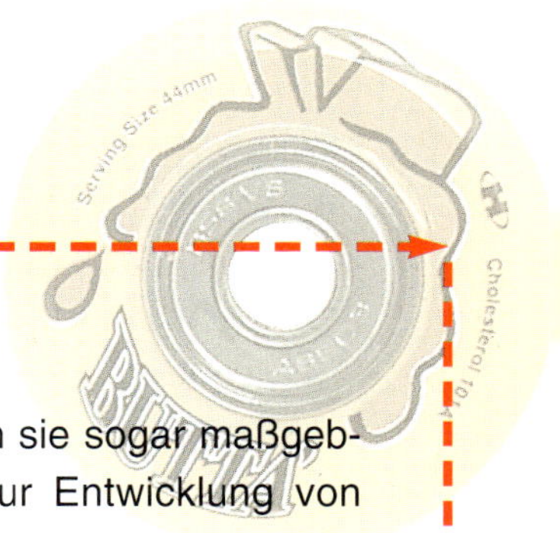

Equipment

Mitverantwortlich für den erstaunlichen Boom des Aggressive-Skatings ist vor allem sicher die ständige Forschung nach neuem, belastbarerem Material. Sie wiederum erhält ihre Impulse aus der Zusammenarbeit der Herstellerfirmen mit professionellen Skatern, die ihre praktischen Erfahrungen einbringen und nicht selten selbst Ideen für sinnvolle Verbesserungen entwickeln.
Schnell entstanden so Schuhe, Rollen, Schützer, Bekleidung und sonstiges Zubehör in einer Qualität, die die Bedürfnisse der Aktiven, besonders aber auch die Anforderungen der Disziplin erfüllt.

Der Schuh

Wer sollte besser wissen, was ein echter Aggressive-Schuh aushalten muß als die erfahrensten Aggressive-Skater? In einigen Fällen haben sie sogar maßgeblich zur Entwicklung von Skates beigetragen. Kein Wunder also, daß etliche Schuh-Modelle die Namen bekannter In-Line-Skater tragen. Wir möchten euch zunächst einen Überblick über den aktuellen Stand der Schuhentwicklung vermitteln, so daß ihr wißt, worauf es ankommt, wenn ihr selbst einkaufen geht. Ausführlichere Information über einzelne Modelle und individuelle Beratung erhaltet ihr in eurem lokalen In-Line-Shop.
Wichtig: Holt euch auch als Einsteiger gleich zu Anfang hochwertige Aggressive-Schuhe. Manch einer mag glauben, einen preiswerten, qualitativ aber eher fragwürdigen Schuh später mit schlichten Mitteln zum hochkarätigen Aggressive-Modell tunen zu können – doch dem vergeht der Spaß meist schnell. Was nutzt ein billiger Schuh, der nicht hält?

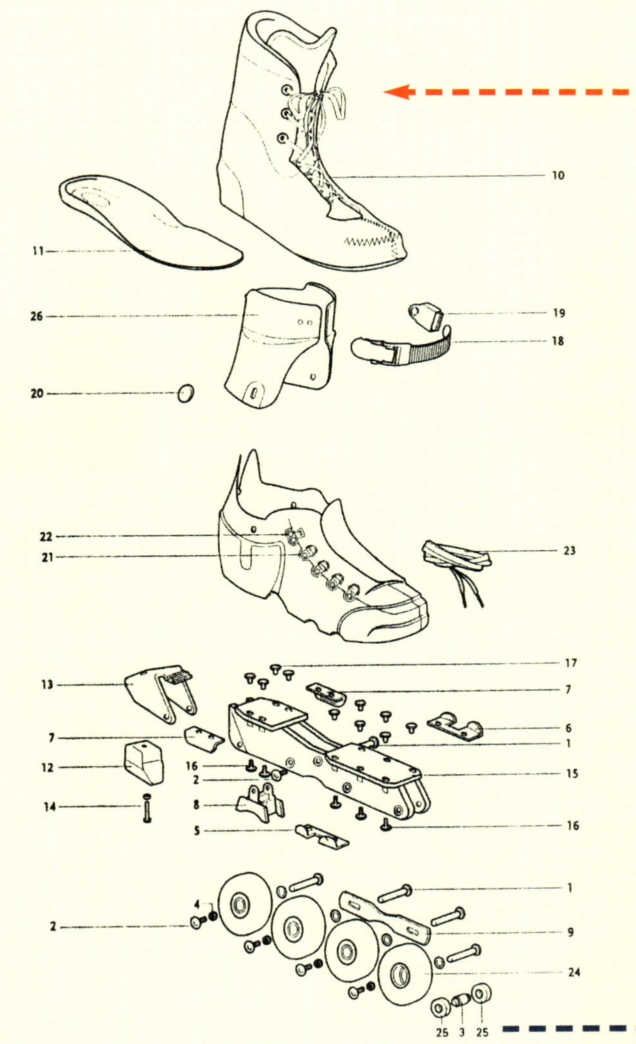

EIN IN-LINE-MARKEN-SKATE UND SEINE EINZELTEILE:

1 Achsen
2 Achsschrauben
3 Distanzstück
4 Washer
5 Front-Grindplate, außen
6 Front-Grindplate, innen
7 Heel-Grindplate
8 H-Block
9 Metalwrench
10 Innenschuh
11 Fußbett
12 Bremsgummi
13 Bremsarm
14 Bremsgummi-Fixierung
15 Frame
16 Schraube für Frame, lang
17 Kunststoff-Mutter
18 Schnalle mit Ratschenband
19 Stopper
20 Distanzniete
21 Visring
22 Speedhook
23 Schnürband
24 Wheels
25 Lager
26 Manschette

SKATES

Der Stoff, aus dem die Skates bestehen ...

Der Aggressive-Schuh ist das wichtigste Sportgerät des Skaters und daher von entscheidender Bedeutung für seine Leistung. Nicht zuletzt von der Qualität seiner Schuhe hängt ab, welche Fortschritte der einzelne in seiner Disziplin macht. Wichtiger noch: Bei so manch abenteuerlich aussehender Übung entscheiden die Schuhe an seinen Füßen über die persönliche Sicherheit. Vor allem deshalb werfen wir im folgenden nun einen gründlichen Blick auf Bauart und Funktion der einzelnen Komponenten, aus denen ein guter Aggressive-Schuh besteht.

Außenschale und Innenschuh

Manche Hersteller konstruieren ihre Schuhe nach dem sogenannten „Softboot-System“, also mit offener Schale und integriertem Rahmen. Die Außenschale wird in der Regel aus Polyurethan (PU) und meistens im Heißspritzverfahren („injection-

Ausgewählte Aggressive-Schuhe für Street und Vert	Ultra Wheels Sabotage ST	Ultra Wheels Sabotage RP	Rollerblade Chocolate	Rollerblade Trooper

AUSSTATTUNG	Memory-Foam Innenschuh, Schnallen-Schnürverschluß, Kevlarverstärkter Powerstrap, Kryptonics Sones, Grindplate	Memory-Foam Innenschuh, Schnallen-Schnürverschluß, Aluminium-Schiene, Kevlar-Powerstrap, Krytonics Boulder	Schnallen-Schnürverschluß mit Soul-Grindplate und Powerstrap, Scribe-Grindplates, Black Hole	Schnallen-Schnürverschluß mit Soul-Grindplate und Powerstrap, Scribe-Grindplates, Black Hole
ROLLEN	88 A	88 A	92 A	92 A
ROLLENGRÖSSE	61 mm	66,5 mm	57 mm	57 mm
KUGELLAGER	ABEC 3	ABEC 3	ABEC 3	ABEC 3
SPACER	Twincam Aluminium-Spacer	Aluminium-Spacer	Aluminium-Spacer	Aluminium-Spacer
	Razors Tribe	Razors Flat	Oxygen Argon PRO Billiris	Oxygen Argon PRO Matteo

AUSSTATTUNG	Schnallen-Schnürverschluß, Backslide-Plate, Hyper	Alu-Schnalle und Schnürung, Backslide-Plate, Hyper	Außenschale mit Schnürung und Aluminium-Top-Schnalle, schnürbarer Innenschuh, Cozmo Scank	Außenschale mit Schnürung und Aluminium-Top-Schnalle, schnürbarer Innenschuh, Heavy Matteo Pro
ROLLEN	92 A und 88 A	88 A + 92 A	85 A,	92 A
ROLLENGRÖSSE	57 mm	57 mm	59 mm	56 mm
KUGELLAGER	ABEC 3	ABEC 3	ABEC 5	ABEC 5
SPACER	Messing-Spacer	Messing-Spacer	Alu-Spacer	Alu-Spacer

Innenschuh

molded“) gefertigt. Billig-Modelle hingegen bestehen aus PVC. Das wird schnell spröde und verfügt über sehr wenig Elastizität.

Was das Befestigungssystem betrifft, sind sich alle Hersteller einig: Außer mit Schuhriemen, die den Fuß fixieren, ist der Skate oben am Schaft mit einer geschützten Schnalle („Buckle“) ausgestattet, die oft aus Metall besteht.

Teilweise ist auch der Innenschuh schnürbar oder sogar mit einer kleinen Laufsohle versehen, was das Zurücklegen kürzerer Entfernungen ohne Außenschale erlaubt. Eine anatomisch geformte Einlegesohle (im Innenschuh) erhöht den Tragekomfort des Schuhs. Bei manchen Modellen ist an der Außenschale zusätzlich ein Powerstrap (Sprunggelenk-Riemen) befestigt; er gibt dem Fuß besseren Halt im Schuh.

Schiene

Die Schiene ist entweder mit Nieten oder Schrauben an der Schale befestigt. Dieser ausgesprochen verwindungssteife Rollenträger besteht oft aus hochwertigem Flugzeug-Aluminium, meist jedoch aus glasfaserverstärktem Nylon. Grindplates (Abriebschutz) sind bei Qualitäts-Modellen immer vormontiert.

Schiene mit weißem Grindplate und rotem Backslide-Plate

Eine mittig montierte Schiene unter sehr breiter Sohle schafft den nötigen Überhang, der bei abgeknicktem Fuß den Soul-Grind (Rutschen auf der Schuhsohle) erleichtert. Teilweise sind außen zudem spezielle Soul-Grindplates in den Schuh eingelassen, zumindest aber besteht die Schuhsohle an dieser Stelle aus besonders abriebfestem Material. In den meisten Fällen hat der Hersteller die Schiene auch „pre-grooved“ – auf deutsch: zwischen der dritten und vierten Rolle eine Aussparung vorgesehen. Einschublöcher an der Schiene erwarten die Aufnahme von Achsen, Spacern (Distanz-Stücken) und Grindplates (siehe unten).

Rollen

Bei In-Line-Skates sitzen die Rollen, wie schon der Name sagt, hintereinander („in line“, auf deutsch: in einer Reihe). Dank dieser Bauweise lassen sich deutlich schmalere Rollen verwenden als bei herkömmlichen Rollschuhen, den sogenannten „Quads“. Das verleiht dem schnellen Schuh nicht nur mehr Wendigkeit, sondern auch eine geringere Auflagefläche und damit höhere Endgeschwindigkeit.

Auflagefläche der Rollen

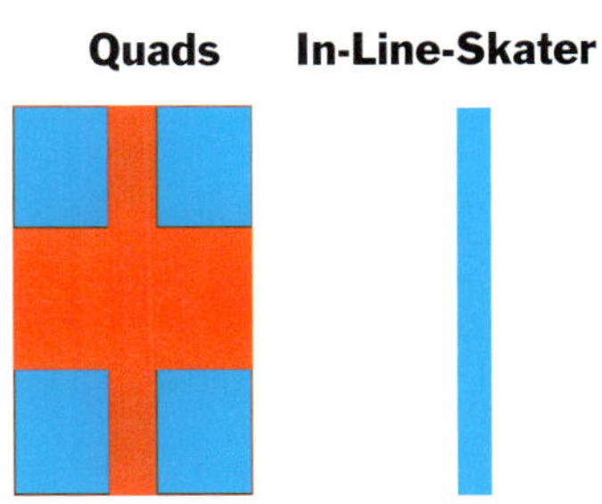

Im In-Line-Skating setzt man eine Reihe unterschiedlicher Rollenprofile ein, für einen Aggressive-Skater kommen jedoch nur zwei in Frage:

AKTUELLE AGGRESSIVE-SCHUHE ZEICHNEN SICH DURCH FOLGENDE MERKMALE AUS:

- **gute und haltbare Materialien**
- **integriertes Grindplate (Abriebschutz)**
- **eine mittig montierte Schiene bei breiter Sohle, Soul-Grindplate oder abriebfestes Sohlenmaterial (erleichtert Soul-Grind)**
- **geschützt versenkte Nieten oder Schrauben**
- **verwindungssteife Schiene**
- **hochwertige Achsen, Lager und Spacer**
- **anatomisches Fußbett**
- **bequemer Innenschuh**
- **stabile Qualitäts-Aggressive-Rollen**

Rollenprofile Aggressive

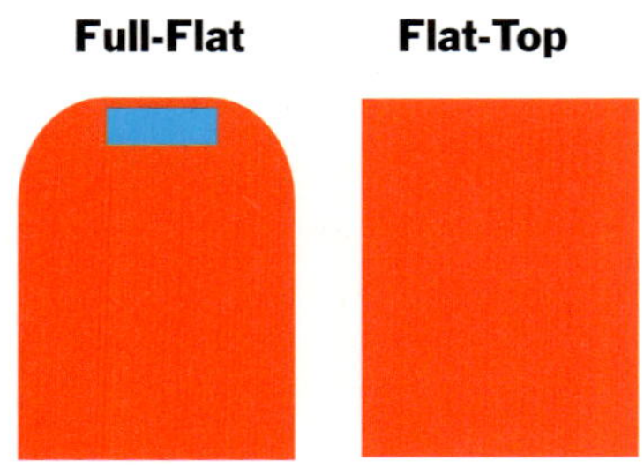

WHEELS

Full-Flat- und Flat-Top-Rollen stellen den besten Kompromiß zwischen Auflage, Seitenstabilität und Rollwiderstand (je niedriger, desto höher die Geschwindigkeit) dar.
Die Härte der Rollen wird in Durometer (A) gemessen. Hierbei gilt: Je höher die Zahl vor dem A, desto härter die Rolle. Die Härte reicht von 74 A (weich) bis weit über 100 A (hart). Aggressive-Skater bevorzugen Rollen mit einer Härte von 80–103 A. Diese Rollen sliden (rutschen) viel besser als weiche; außerdem halten sie den hohen Belastungen länger stand. Nachteilig ist allenfalls, daß diese Wheels (Rollen) kaum federn und weniger Grip (Haftung) haben als normale In-Line-Rollen.
Auch Hersteller von Rollen arbeiten gern mit namhaften Pros zusammen, um ihre Produkte mit deren Hilfe für die verschiedenen Einsatzbereiche des Aggressive-Skatings (Grinds, Jumps, Vert) zu optimieren. Einige Wheels tragen deshalb die Namen bekannter Profi-Skater. Generell aber sind Marken-Rollen von relativ hoher Material- und Verarbeitungs-Qualität.
Aggressive-Rollen haben Durchmesser von 30–72 mm. Durch die Vert (Halfpipe) flitzt man auf maximal 72 mm großen Wheels, denn mit großem Rollen-Durchmesser läßt sich zwar eine hohe Endgeschwindigkeit erzielen, zugleich aber steht man darauf leicht instabil. Wollen sie hingegen aufwendige Pipe-Artistik ausüben, wählen die meisten Fahrer Rollen zwischen 63–67 mm Durchmesser.
Beim Street-Fahren werden vielfach spezielle Grindrollen (dritte und vierte Rolle) eingesetzt. Diese sind mit 30–48 mm Durchmesser sehr klein und außerdem sehr hart (bis 103 A), da sie in unmittelbaren Kontakt zu Curb oder Rail (siehe unten) kommen. Die äußeren Rollen messen in diesem Fall 55–62 mm. Schließlich gibt es noch diverse Möglichkeiten, seine Rollen auf der Schiene zu positionieren. Beim „Flat-Rockering“ haben sie sämtlich und in allen Fahr-Situationen Bodenkontakt – und bieten damit natürlich maximale Sicherheit. „Anti-Rockering“ hingegen bedeutet, sein Skate so zu bestücken, daß die beiden mittleren Rollen hochgestellt sind. So bleibt zwischen dem dritten und vierten Wheel mehr Platz für Grindings.

Senate Tasha Hodgson

Senate Scott Bentley

Hyper Rawlinson Rivera

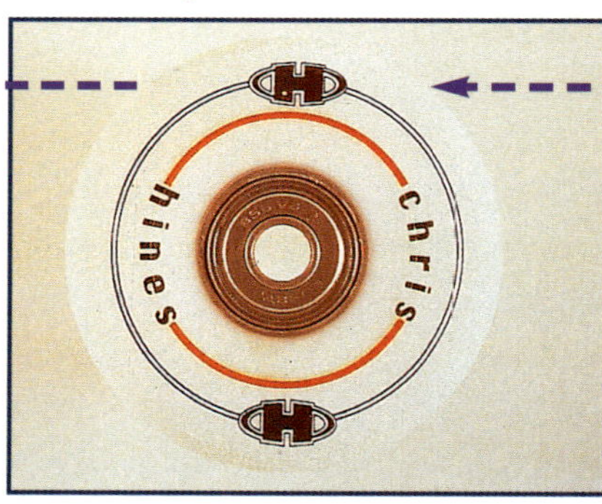

Hyper Chris Hines

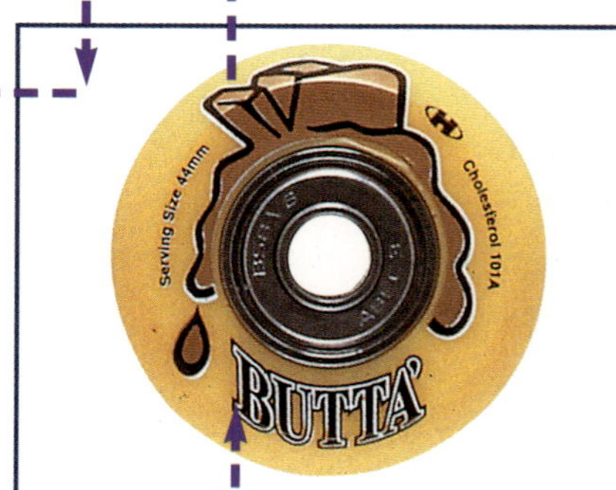

Hyper Butta

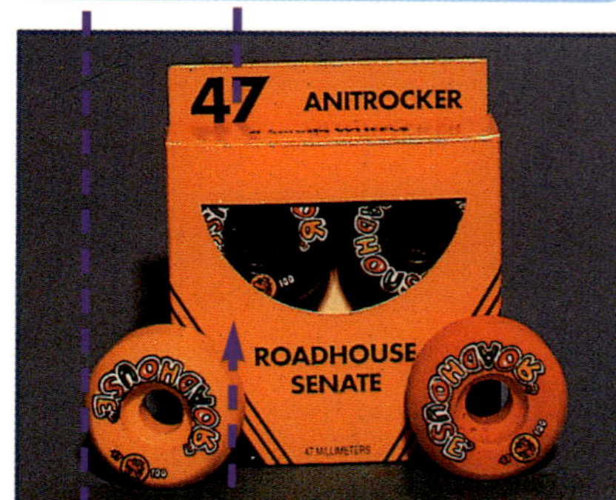

Senat Roadhouse

Alle guten In-Line-Skate-Rollen bestehen aus Polyurethan; in der Regel werden sie im Spritzverfahren hergestellt oder gegossen.
Eine Felge würde die auftretenden Belastungen nicht lange verkraften und sich von der Rolle lösen. Daher verfügen In-Line-Wheels über einen Kern (Core) aus speziellem Kunststoff oder extra gehärtetem Polyurethan, der mit der Rolle verklebt ist. Dazu werden nur Industriekleber mit enorm hoher Klebekraft verwendet.
Grind-Rollen (die mit dem kleinen Durchmesser) kommen hingegen ohne Kern über die Runden. Sie sind aus einem Stück gefertigt.

Kugellager

Ein weiteres nicht weniger wichtiges Bauteil von In-Line-Skates sind die Kugellager. Ohne sie „läuft" im besten Sinne gar nichts, sie sind das Herz der Skates. Allerdings wird ihnen eine oft geradezu mystische Bedeutung beigemessen – vor allem aber wohl deshalb, weil kaum jemand echtes „Kugellager-Chinesisch" versteht. Deshalb wollen wir an dieser Stelle ein wenig Licht ins Dunkel bringen.
Die beiden Kugellager (pro Rolle) müssen folgende Funktionen erfüllen:

- geringstmögliche Reibung zwischen feststehendem Rollenkern und Achse beziehungsweise Spacer gewährleisten
- maximale Laufgenauigkeit erzielen
- den hohen Belastungen beim Aggressive-Skating standhalten – und zwar bei minimalem Verschleiß ...

Kugellager bestehen aus folgenden Funktionselementen :

- Kugeln
- Käfig
- Innenring
- Außenring

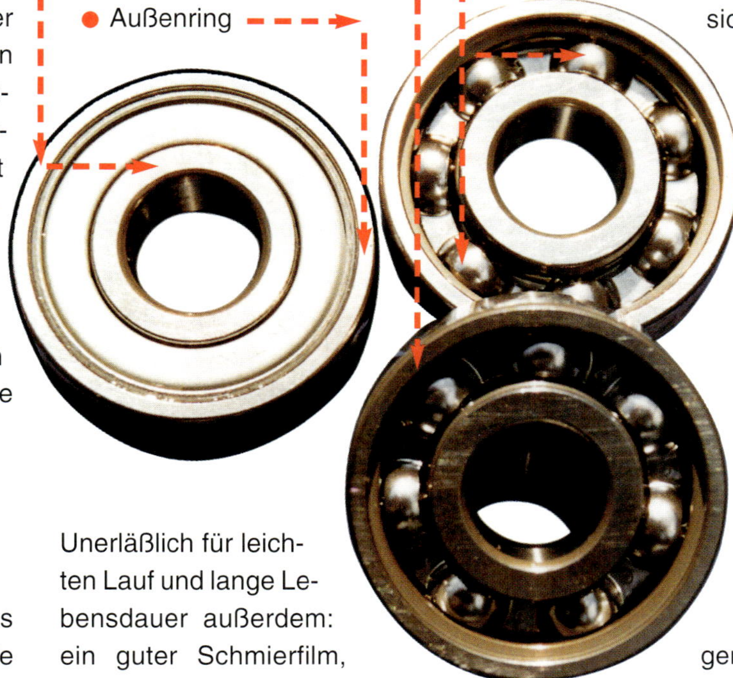

Unerläßlich für leichten Lauf und lange Lebensdauer außerdem: ein guter Schmierfilm, der – und das ist wichtig – vor allem ständig wirkt.
Kugellager tragen oft Bezeichnungen wie 608 Z oder ZZ ABEC.
„60" gibt dabei die Größe des Lagers an, die Kennziffer „8" den Innendurchmesser der Bohrung, also 8 mm. Alle Lager für In-Line-Skates entsprechen dem Typ 608.
Die Buchstaben-Kombination gibt Auskunft über die Art der Abdeckung oder Dichtung:
„Z": Ein so bezeichnetes Lager schützt sich mit einer Abdeckscheibe, welche meist mit einem sogenannten „Sprengring" befestigt ist. Die offene Lagerseite zeigt natürlich nach innen, weswegen man diesen Typ auch Service-offenes Lager nennt. Sein Nachteil: Z-Lager sind zwar einigermaßen staubgeschützt, jedoch nicht abgesichert gegen das Eindringen von Feuchtigkeit (Korrosionsgefahr).

„ZZ" oder „2 Z": Die Bezeichnung läßt bereits auf die zwei abgedichteten Seiten des Lagers schließen. Bei Qualitäts-Modellen sind die Deckscheiben mit Sprengringen gesichert. So lassen sie sich zum Reinigen und Schmieren leicht öffnen.
ZZ-Lager sind ebenso wie die nur einfach gedichteten Typen vor dem Eindringen von Staub geschützt, nicht aber gegen Feuchtigkeit.
Als eindeutig langlebiger erweisen sich Modelle mit folgenden Dichtungen:
„2-RS"-Lager sind sicher gegen jedes Eindringen von Staub und Wasser und obendrein auf lebenslange Schmierung ausgelegt, was bedeutet, daß sie sich nicht öffnen lassen. 2-RS-Dichtungen kann man daher allerdings auch nicht separat austauschen. Kleiner Nachteil: Bauartbedingt schleifen diese Typen etwas, das heißt, sie berühren bei der Arbeit leicht den Innenteil des Lagers.
„LLB"-Modelle schließlich sind mit einer feinen Labyrinth-Dichtung versehen. Wie bei 2-RS-Typen ist jegliches Eindringen von Wasser und Staub unmöglich. Im Gegensatz zu ihnen funktioniert eine LLB-Dichtung jedoch ganz ohne Kontakt zum Innenkern, also ohne zu schleifen und damit ohne Kraftverlust. Sie stellt das Nonplusultra unter den Lagerdichtungen dar, ist sozusagen „das schnellste Lager der Welt".

KUGELLAGER & CO.

Durchaus gebräuchlich in „Kugellager-Kreisen" ist auch das Kürzel ABEC. Hierbei handelt es sich um die Abkürzung für „Annual Bearing Engineers Comittee", ein Komitee von Kugellager-Ingenieuren, die sich jährlich treffen, um die Toleranzen für die Kugellagerfertigung festzulegen (20 verschiedene Kriterien). Generell gilt: Je höher der ABEC-Wert, desto höher die Fertigungsqualität. Für den Einsatz in Aggressive-Skates sind Lager mit ABEC 1 Standard, die besseren haben ABEC 3 bis ABEC 5.

Weitaus wichtiger als die ABEC-Qualitätsnorm ist in der Praxis allerdings das Material, aus dem die Lager gefertigt sind. Lager für Aggressive-Skates müssen sehr stabil sein. Sie sollten aus hochwertigem Stahl bestehen – und zwar nicht allein die Laufringe, sondern auch Kugeln und Käfig. Alle Markenhersteller von Kugellagern haben solche Modelle im Angebot.

Kugellager mit 2-RS-Abdichtung

Es scheint nicht sonderlich wichtig zu sein, daher täuschen sich gerade Anfänger und technische Laien in dieser Hinsicht gern: Die Schmierung hat die Aufgabe, einen materialschonenden und kraftsparenden Gleitfilm zwischen Laufrille und Kugel zu schaffen. Sie „polstert" den Zwischenraum, hat also eine Funktion der Schlagabsorption und schont das Material.

Außerdem dämpft der Gleitfilm den Geräuschpegel – ein geschmiertes Lager läuft wesentlich ruhiger. Last but not least schützt so ein Schmierfilm auch gegen unerwünschtes Eindringen von Wasser.

Während mit schlichtem Öl geschmierte Lager ausgesprochen anfällig gegen Verschmutzung sind – für den Einsatz im Aggressive-Sport daher nicht zu empfehlen –, schützt Fett einerseits zwar besser, führt andererseits aber zu erhöhtem Widerstand. Am besten verwendet man daher neuentwickelte Schmierstoffe von Markenherstellern.

Präparate, wie sie beim Sport und für Rillenkugellager verwendet werden, müssen auch die dort herrschenden, speziellen Anforderungen erfüllen. Sie sollten Leichtlaufeigenschaften haben, witterungsbeständig sein und vor allem natürlich das empfindliche Lager-Innenleben schützen.

Die Unterschiede im Marktangebot werden beispielsweise am Sortiment der Firma HTB deutlich, wo es gleich drei Mittel für unterschiedliche Zwecke gibt.

„Race Oil" etwa ist für Aggressive-Skater ungeeignet, denn Öl läuft schnell aus und zieht den Schmutz dabei geradezu an. Nur Speed-Skater mit Öl – und auch sie nur im Kurzstrecken-Bereich.

„Power Grease" ist ein Fett mit Depotwirkung; ein so versorgtes Lager muß lange Zeit nicht neu geschmiert werden.

„Turbo Gel" schließlich stellt für unsere Zwecke die optimale Mischung aus beiden Methoden der Schmierung dar.

Es ist leichtflüssig genug, um hohe Geschwindigkeiten zu ermöglichen, läuft dabei aber nicht aus.

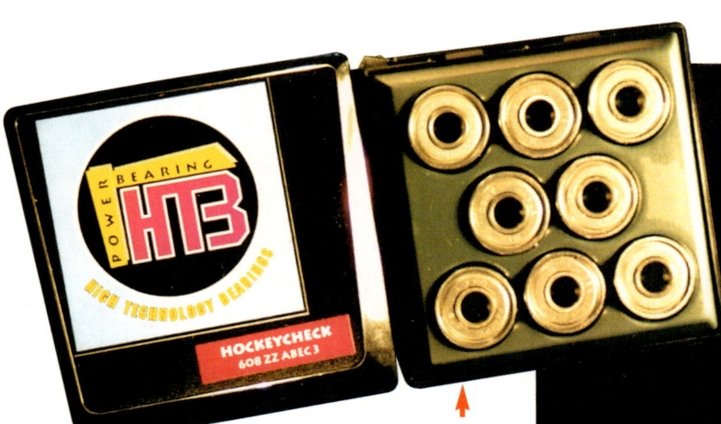

ABEC-3-Kugellager, HTB

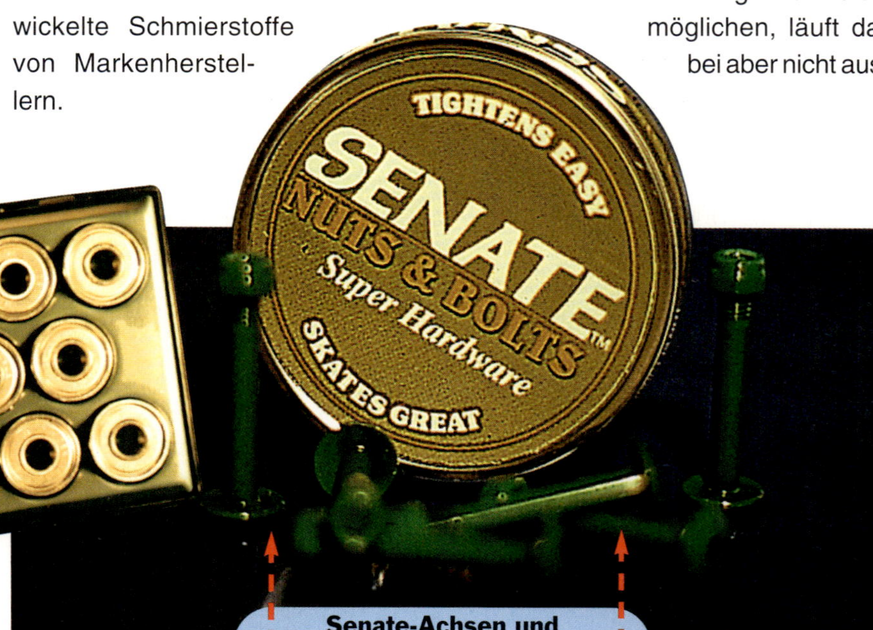

Senate-Achsen und Muttern

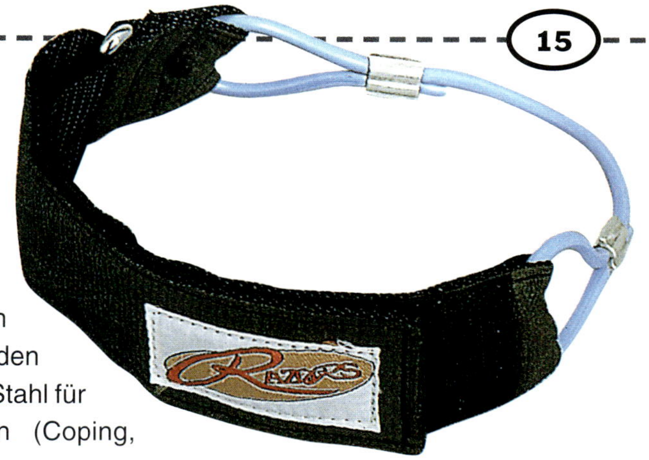

Powerstrap

Achsen, Muttern, Spacer

Weitere wichtige Lager-Bauteile sind Achsen und Muttern. Sie bestehen zumeist aus Stahl oder Aluminium.
Spacer – das sind die Abstandshalter zwischen den beiden Kugellagern. Gute Aggressive-Schuhe glänzen mit Aluminium-, Stahl- oder Messing-Spacern: Die gleiten besser und sind wesentlich belastbarer als solche aus Nylon-Material. Sogenannte „Excenter-Spacer“ zwischen Rolle und Schuh sollten ebenfalls aus den erstgenannten Materialien bestehen. Beim Neukauf von Spacern ist unbedingt zu berücksichtigen, daß alle Hersteller mit anderen Maßen arbeiten – gebt im Bedarfsfall also stets den Namen des Schuh-Herstellers an!

Schuhzubehör

Um einen Skate belastbarer zu machen sowie als Ersatz für Verschleißteile gibt es eine Menge Zubehör – beispielsweise Grindplates. Diese Rutschplatten befinden sich an der Innenseite des Schuhs und schützen die Schiene vor Verschleiß. Grindplates lassen sich aus verschiedenen Materialien fertigen: aus Plastik für den Einsatz auf Curbs, aus Stahl für metallische Unterlagen (Coping, Rail).
Unter anderem bestehen Grindplates auch aus einer Mischung dieser beiden Materialien; sie lassen sich dann sowohl für Curbs als auch für Rails verwenden; es gibt sogar Plates aus Holz.
Denkt beim nachträglichen Anbau von Grindplates jedoch daran, daß ihr anschließend längere Schrauben braucht. Alle Grindplates sind ab Werk „pre-grooved“ (mit einer Aussparung versehen) – das erleichtert das „Einloggen“ (Positionieren) in Rail, Coping oder Curb.
Soul-Grindplates montiert man an der Außenkante des Schuhs, um den Rahmen beim Soul-Grind zu schützen. Bei neueren Modellen sind sie am Schuh fixiert und nach Verschleiß austauschbar.
Toeplates sind halbkreisförmige Plastikbögen, die man an der Schuhspitze anbringt, um diese beim Landen nach weiten und hohen Sprüngen vor Abrieb zu schützen.
Unter „Powerstraps“ schließlich versteht man stabilisierende Bänder aus ganz unterschiedlichen Materialien, welche die Ferse im Schuh fixieren (siehe unten). Außerdem geben sie seitlichen Halt und schützen den Fuß somit vor Verletzungen – etwa durch Umknicken. Ein weiter Vorteil beim Fahren mit Powerstraps gerade in der Halfpipe ist, daß man mit locker geschlossener oder sogar offener Schnalle fahren kann. Dadurch hat man mehr Vorlage, kann besser pushen (pendeln) und erreicht deutlich höhere Endgeschwindigkeiten.
Hop-Up-Kits sind Spacer mit Gewinde und passenden Schrauben, die sich bei radikalen Manövern nicht so leicht lösen; sie bestehen aus Spezialstahl, der höchste Belastungen aushält, ohne zu brechen.

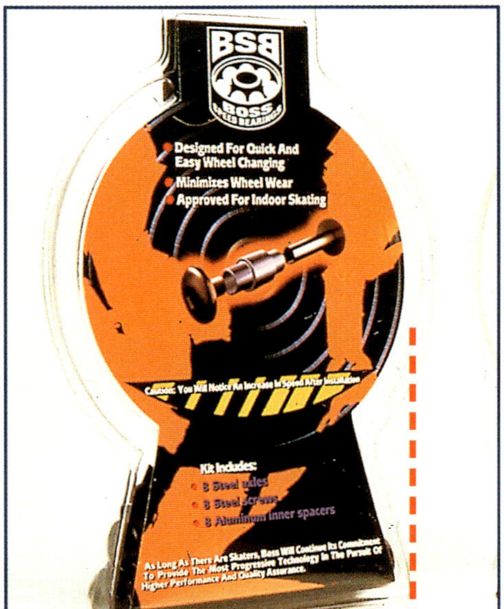

Kit mit Achsen, Muttern, Spacern

Grindplates in unterschiedlicher Ausführung

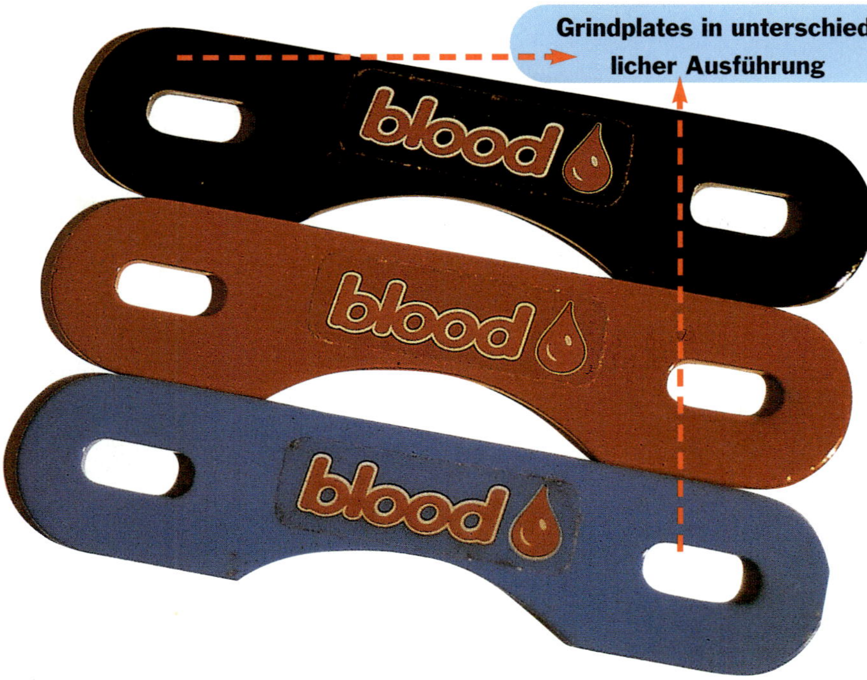

Schutzausrüstung

Auch die Schutzausrüstung der In-Line-Skater stammt ursprünglich aus dem Skateboard-Sport. Zur Aggressive-Grundausstattung gehören:

- Knieschützer (Knee-Pads)
- Ellbogenschützer (Elbow-Pads)
- Handgelenkschützer (Wrist-Guards)
- Helm (Helmet)

PADS

Manche Hersteller haben auch Schienbeinschützer (Shin-Guards) im Angebot, die bei einem gestürzten (geslamten) Grind die Schienbeine schützen sollen.

Kleidung und Schutzausrüstung für Aggressive-Skater sind deutlich dicker und zudem aufwendiger verarbeitet als solche für Freizeit-Fahrer, da Stürze bei der schnellen und artistischen Variante des In-Line-Skatings wesentlich riskanter sind. Elbow- und Knee-Pads ähneln sich im Aufbau.

In der Hauptsache unterscheiden sie sich durch ihre Größe, die sich nach den anatomischen Gegebenheiten richtet.

Das äußere Teil der Schützer, die Schutzkappe (Cap), besteht aus Hartplastik, Voraussetzung etwa für einen Knee-Slide (Sturz-Technik mit Knie-Rutscher) mit kalkulierbarem Risiko. Ausserdem schützt das Cap das darunterliegende Dämpfungsmaterial. Bei einigen Knee-Pads läßt sich das Cap bei Bedarf austauschen.

Das Dämpfungsmaterial besteht in der Regel aus Schaumstoff, welcher mit festem Nylonmaterial oder Codura ummantelt ist. Für das Innenteil des Schützers eignet sich atmungsaktives Material (Coolmax o.ä.), feines Nylon, Baumwolle oder Lycra. Markenhersteller wie Boneless, Skin, Harbinger, Rollerblade, Oxygen oder Pro-Tec formen die Innenseite der Schützer anatomisch, um ihr Verrutschen selbst im Falle eines Sturzes zu verhindern.

Was die Verschlußsysteme betrifft, herrscht Einigkeit unter den Herstellern. Standard sind Klett- und Schnallenverschlüsse, die sich lediglich durch die Art der Schnürung unterscheiden.

Wrist-Guards bestehen aus extraschwerem Nylon und haben eine Aussparung für den Daumen; im Aggressive-Sport sind auch Lederhandschuhe mit abgeschnittenen Fingerkuppen gebräuchlich. Wrist-Guards sind oft lederverstärkt und mit doppelten Nähten verarbeitet. An der Handinnenfläche sowie am Handrücken sind vorgebogene

Shin Guards

Harbinger Wrist-Guards

Boneless Knee-Pads

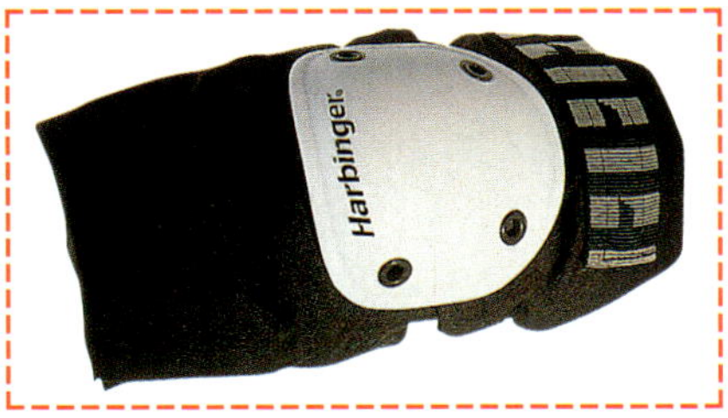

Harbinger Elbow-Pads

Remline Helm

Schienen eingearbeitet, die das Handgelenk vor Stauchungen und Brüchen schützen sollen. Es gibt allerdings auch spezielle Aggressive-Handschuhe mit nur einer oder ohne Schienen.

Aggressive-Helme sind anatomisch geformt und auf die Erfordernisse des Skate-Sports ausgelegt. Daher schützen sie auch den Hinterkopf. Die Außenschale besteht aus Polyurethan und gewährt beim Aufprall maximalen Schutz. Einige Firmen werben sogar mit lebenslanger Garantie gegen den Bruch der Schale. Die meisten Helme verfügen über ein Belüftungssystem, alle sind von innen gepolstert. Ein Kinnriemen mit Schnellverschluß verhindert das Verrutschen des Helmes.

Pflege und Wartung des Materials

In-Line-Skates sind ausgesprochen pflegeleicht. Den Außenschuh könnt ihr mit Wasser abwaschen (Achtung: die Lager unbedingt trocken halten!). Den Innenschuh solltet ihr regelmäßig auslüften – eine kleine Mühe, die Freundschaften erhalten hilft. Ihr könnt ihn aber auch mit einer milden Seifenlauge von Hand waschen. Das ist auch die richtige Methode, die Protection zu reinigen; allerdings solltet ihr sie anschließend nicht auswringen, sondern am besten nur tropfnaß aufhängen. Keinesfalls dürft ihr sie auf die Heizung oder in die pralle Sonne legen! Eine weitere „Todsünde" ist es, die teuren Stücke in der Waschma-

schiene zu waschen! Die Schiene sollte stets frei von Schmutz und Dreck sein.
Um optimalen Geradeauslauf zu erzielen und um die Lebensdauer der Rollen zu verlängern, solltet ihr eure Wheels regelmäßig schmieren und sie ab und zu auch auf der Schiene umsetzen. So nutzen sie gleichmäßig ab. Löst dazu zunächst die Achsen und Schrauben der ersten und dritten Rolle. Dreht diese Wheels um 180°, die abgenutzte Seite nach außen, und setzt die erste Rolle auf die Position der dritten. Das gleiche macht ihr mit der ehemals dritten Rolle, die nun auf Position eins kommt. Wiederholt diese Schritte mit Rolle zwei und vier .
Falls doch einmal Schmutz in eure Kugellager eingedrungen ist und diese mit Service-offenen Lagern bestückt sind, solltet ihr sie reinigen. Euer Skate-Shop hält zu diesem Zweck diverse Reinigungs-Sets ohne Lösungsmittel bereit, die keine Rückstände hinterlassen.
Zunächst aber müßt ihr die Lager mit einem Spezialschlüssel aus den Rollen drücken. Dann öffnet ihr sie, indem ihr den Sprengring mit einer Nadel heraushebelt (Haltet das Lager gut fest, damit der Sprengring nicht wegspringt!). Entfernt jetzt den Deckel, und legt alles beiseite – am besten in eine Schale, einen alten Deckel oder ähnliches, damit nichts verlorengeht.
Jetzt weicht ihr die offenen Lager in Zitrus- oder einem Spezialreiniger ein. Kurze Zeit später könnt ihr die Lager mit einer kleinen Bürste säubern. Legt anschließend alles auf ein Tuch, und fönt es trocken. Nun das ganze Lager neu schmieren und den Deckel wieder einsetzen. Sobald ihr alles wieder zusammengebaut habt, aufatmen. Fertig!

Skater-Mode und Accessoires

Redet man von Skater-Mode, fällt einem sofort ein Modewort dazu ein: 'Baggy-Style'. Hosen, T-Shirts, Kapuzen-Sweater - alles wird in XXL getragen!
Außer daß so etwas ungemein „cool" aussieht, haben diese Klamotten – besonders die Hosen – einen weiteren riesigen Vorteil: Ihr gewinnt darin nicht nur genug Bewegungsfreiheit für eure Stunts, sondern obendrein passen auch eure Pads noch mit unter die Hosen! Wegen der größeren Bewegungsfreiheit, die sie ihrem Träger gewähren, kleidet man sich beim Aggressive-Skating aber meistens in Shorts. Die Hosen bestehen entweder aus schwerem, reißfestem Denim (Jeansstoff) oder aus Cord, ebenfalls aus der guten alten Baumwolle. Alle In-Line-Skate-Firmen bieten zudem auch folgende Accessoires an:

- Schirmmützen (Baseball-caps)
- Wollmützen (Beanies)
- Sonnenschilde (Visors)
- Jacken
- Gürtel
- Geldbörsen (Wallets)

Die Firma Timezone offeriert exklusiv Schutzhosen, die man unter der normalen Hose trägt; selbst Profi-Skater wie Rene Hulgreen staffieren sich damit aus.

Besagtes Modell ist an den Hüften, am Steißbein und am Oberschenkel mit dicken Schaumstoffeinlagen gepolstert, um bei Stürzen optimalen Schutz zu bieten. Um Hüfte und Steißbein ist es obendrein mit Hartplastik-Einsätzen verstärkt – zur Vorbeugung gegen schwerere Verletzungen.

Wer sie korrekt tragen möchte, kann sich die passenden Baggy-Pants von Timezone dazu holen – sie bestehen aus besonders reißfestem Material. Mit Klettverschlüssen lassen sie sich einfach aneinander befestigen.

Was soll da noch schiefgehen ...?

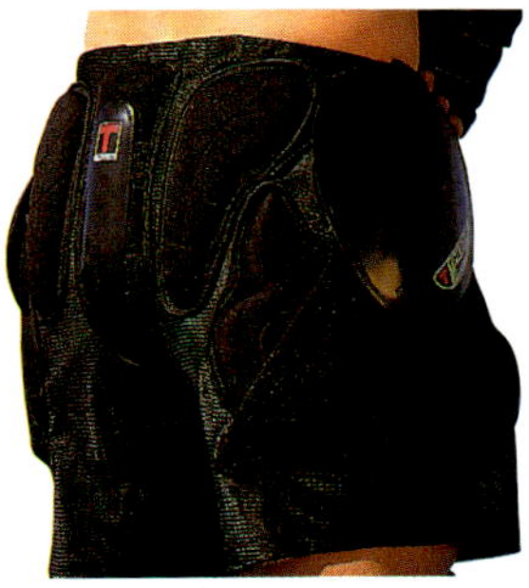

Timezone-Schutzhose mit Rundum-Polsterung

Oben: Autoren als „Dressmen“ für Skater-Mode. Von links: Richy Sedlar, Marc Heinzmann, Uli Sauter, Benny Drescher (auch links in Schwarz) und Ingolf Willuweit (auch links in Weiß).

Halfpipes & Obstacles

Unsere kleine Entwicklungs-Geschichte der Halfpipes und Obstacles (Hindernisse) wäre unvollständig, erinnerte man darin nicht an ein anderes Sportgerät auf Rollen: das Skateboard.

Das bescheidene Brettchen auf vier Rädern entstand Ende der fünfziger Jahre als Geistesblitz einiger kalifornischer Surfer. War die Brandung an manchen Tagen entweder zu schwach oder übermäßig stark, verbrachten sie die Zeit mit „Trocken-Surfen". Zu diesem Zweck bauten sie sich aus einem demontierten Rollschuh und einem Brett ein surfboardähnliches Gebilde, eben das Skateboard. Anfangs waren diese Boards noch ziemlich schmal, in der Breite maßen sie keine zehn Zentimeter. Die ersten Skateboard-Fahrer begnügten sich denn damals auch mit „Sidewalk-Surfen", das heißt, sie wedelten nur möglichst schnell die Bürgersteige auf und ab. Seit 1965 entwickelte sich eine eigene Skateboard-Industrie, und bald fuhren immer mehr Jugendliche ab auf diesem neuen Sportgerät. Das hatte zur Folge, daß innerhalb des Skateboardings diverse neue Disziplinen entstanden: „Freestyle", „Slalom", „Downhill", „Hoch- und Weitsprung".

In den folgenden Jahren kam es dann leider häufiger zu Unfällen zwischen den immer zahlreicher werdenden Skateboardern und Passanten. Daraufhin verboten viele Gemeinden das Skateboard auf öffentlichen Plätzen, Wegen und Anlagen. Gezwungenermaßen suchten die Skateboarder also neues Terrain für ihren artistischen Zeitvertreib, und schon bald wurden sie fündig. Sie begannen in den trockenen Swimmingpools und Springbrunnen ihrer Eltern und Nachbarn zu skaten! Außerdem entdeckten sie außerhalb der Städte neue Einsatzmöglichkeiten in trockenen Abwassergräben und -rohren. Damit war eine weitere Disziplin des Skateboardings geboren: die Abfahrt in der Vertikalen („Vert-Skating").

Da der junge Trendsport weiterhin und offensichtlich unaufhaltsam boomte, entstanden erste Skate-Parks mit Nachbauten der vormals „natürlichen" Hindernisse. Beispielsweise verband man mehrere leere Pools zu einer einzigen Schikane. Anfangs rauschten die Fahrer auch noch durch Fullpipes (ganze, geschlossene Röhren), später gingen sie zu Halfpipes (der Länge nach halbierte Röhren) über, die sie dauernd modifizierten. Die ersten Halfpipes etwa hatten noch kein Flat (Flachstück am Tiefpunkt) und keinen Table (Standfläche oben). Anfangs der achtziger Jahre aber eroberte man sich die Straße als Sportplatz zurück – womit fast zwangsläufig die Skateboard-Spielart „Street-Skating“ entstand. Prompt übertrug man nun viele Tricks der Vert-Variante auf die Gegebenheiten der Straße. Dazu gehörten Sprünge über Treppen, Mülltonnen oder andere Hindernisse, das „Sliden“ (Rutschen auf dem Skateboard) oder „Grinden“ (Rutschen auf den Achsen) auf „Curbs“ (Kanten, meist aus Stein) und „Rails“ (Handläufe an Treppengeländern).

Wie dieser kurze Rückblick zeigt, waren es ursprünglich also Skateboarder, welche die Grundlagen unserer Sportart entwickelt und geprägt haben. Inzwischen aber benutzen alle möglichen Rollsportler eine Vielzahl unterschiedlicher Street-Obstacles und Halfpipes.

Speziell in der Street-Version des In-Line-Skating (beim Fahren auf der Straße, auf Plätzen et cetera) sind die Hindernisse die alten geblieben. In-Line-Skater grinden über Curbs und Rails (Bordsteine und Geländer), springen über Parkbänke oder fahren alle sich anbietenden Treppen herunter.

So „cruisen“ (streifen) sie durch die Städte, stets auf der Suche nach der perfekten „Line“, einem „Run“ (rasante Abfolge unterschiedlicher Herausforderungen) ohne Pausen, komponiert aus optimal aneinandergereihten Grinds und Sprüngen.

Beim Street-Skating ist alles möglich, der Kreativität der Akteure sind keine Grenzen gesetzt – obwohl auch herbe „Slams“ (böse Stürze nach mißglückten Aktionen) an der Tagesordnung sind.

Natürlich kann man vergleichbare Erlebnisse auch in Skate-Parks oder -Hallen haben, allerdings unterscheidet sich die dortige Version des Street-Fahrens noch einmal deutlich vom Befahren echter Straßen „in freier Wildbahn“: In Parks oder Hallen mit ihrem begrenzten Raumangebot ist der Aktionsradius eines Street-Skaters zwangsläufig eingeschränkt. Andererseits findet er gerade an diesen Orten vielfältigste Möglichkeiten zum Aggressive-Skating, was bloßes Street-Skating vom technischen Anspruch her – und nicht zuletzt von dem damit verbundenen Fun – natürlich bei weitem übertrifft.

Halfpipe-Aktion vom Schwierigsten und Feinsten: Der Deutsche Meister Richy Sedlar brachte auch die Kalifornier zum Staunen.

For Skaters only!

Das „Mobiliar“ von Skate-Parks oder -Hallen umfaßt im wesentlichen folgende Elemente, die sich auch kombinieren lassen:

- **Banks (Schrägen aller Art)**
- **Transitions (Rundungen mit unterschiedlichen Winkeln)**
- **Flats (Flachstücke mit unterschiedlichen Längen)**
- **Rails (Stahlrohre von verschiedener Länge, Höhe, Biegung)**
- **Curbs (Kanten aus unterschiedlichen Materialien)**
- **Verts (verschiedene vertikale Passagen)**

Natürlich gibt es eine Vielzahl von Hindernissen, Rampen und Traversen, die meist aus diversen Holzmaterialien gebaut werden. Um sie geht es im folgenden.

Halfpipe

Moderne, zeitgemäße Halfpipes (Verts) bestehen aus folgenden Komponenten:

- Flat
- Transition
- Vert
- Coping
- Table mit Geländer

Im Querschnitt sieht eine Halfpipe aus wie ein breites „U“ mit flacher Basis-Rundung. Das Flachstück (Flat) verbindet die beiden Rundungen, die den Übergang zum Vert bilden, miteinander. Sie werden „Transitions“ genannt.
Als „Vert“ wird das vertikale Stück unterhalb der Kante der Rampe bezeichnet.

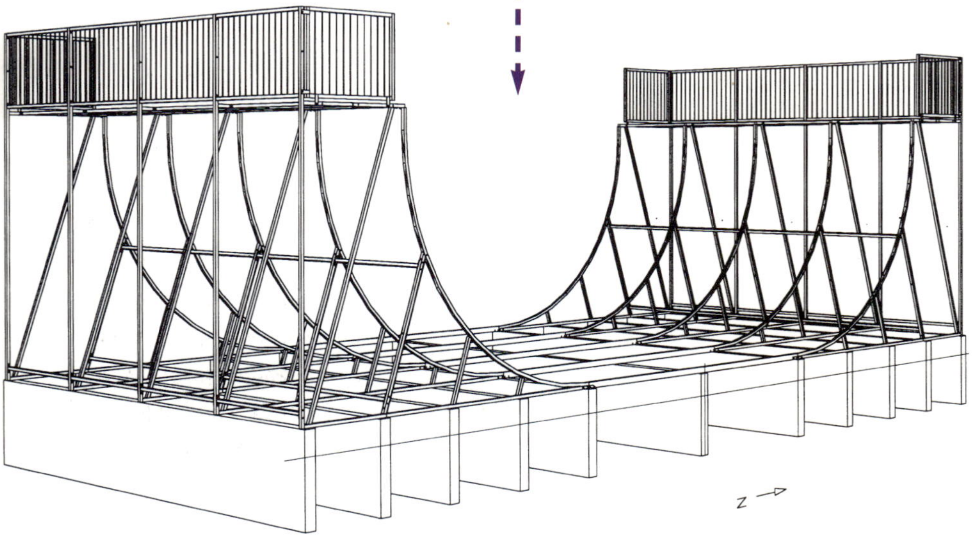

Die Rampenkante (Coping) besteht aus einer Metallstange, die zudem den obersten Teil der Rampe abschließt, den sogenannten „Table“ (Plattform, die Standfläche auf der Rampe). Die äußeren Begrenzungen des Table sind mit einem Geländer gesichert.

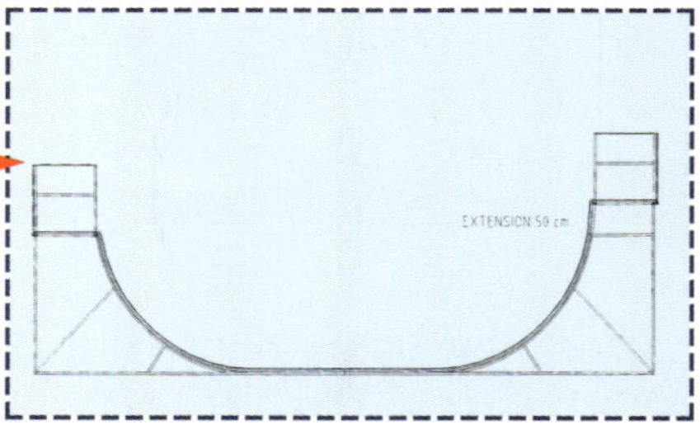

An einigen Rampen wird zusätzlich sogar noch eine „Extension“ (Vert-Verlängerung) montiert, so daß man für besonders hohe Airs (Sprünge) noch eine Extraportion Schwung holen kann.
Halfpipes bestehen in der Regel aus einem Eisengerüst, belegt mit Siebdruck- oder Multiplex-Platten. Einige Hersteller verwenden hier auch andere Materialien, beispielsweise Metall.
Eine Wettkampf-Halfpipe ist circa 14 Meter lang, 6 m breit und 3,5 m hoch (mit Geländer: 4,8 m). Das Vert mißt zwischen 40–60 cm. Die Extension ist im allgemeinen circa 50 cm lang.

Miniramp

Als kleine Schwester der Halfpipe gilt die Miniramp. Im Aufbau entspricht sie der Halfpipe, allerdings verfügt sie über kein Vert; meist ist sie insgesamt etwas kleiner. Die durchschnittlichen Maße sind: 5 m Länge, 3 m Breite, 2 m Höhe. Außerdem ist das Flat wesentlich kürzer.
Eine Miniramp eignet sich besonders für den Anfänger des Vert-Skatings als Übungspiste: Weil sie ohne Vert gebaut ist, kommt beim Anfänger erst gar keine Angst auf, wenn er dort etwa den Drop-In (im Stehen in die Rampe hineinfahren) trainiert. Auf der Miniramp lassen sich auch Lip-Tricks (Tricks auf dem Coping der Rampe) optimal üben.
Als Varianten der Miniramp gelten Miniramp mit Spine und Hip-Ramp mit einem Verbindungsstück zwischen zwei Rampen.

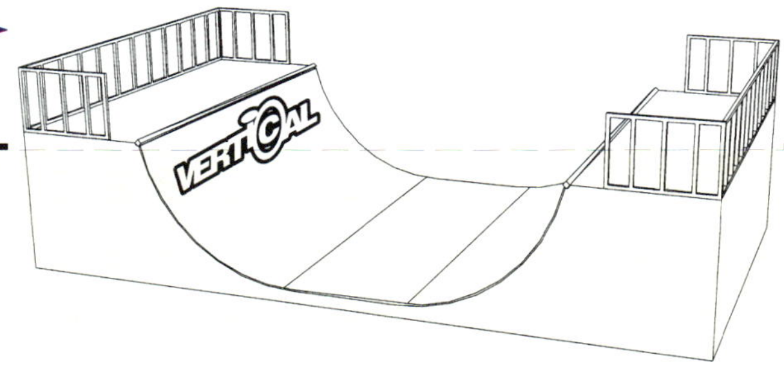

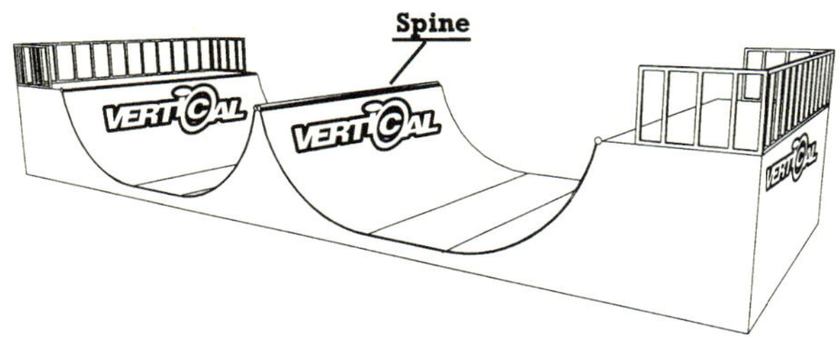

Ob Miniramp (oben), Miniramp mit Spine (links) oder Hip-Ramp (unten) – gute Skateparks bieten dem Skater jede Menge Herausforderungen.

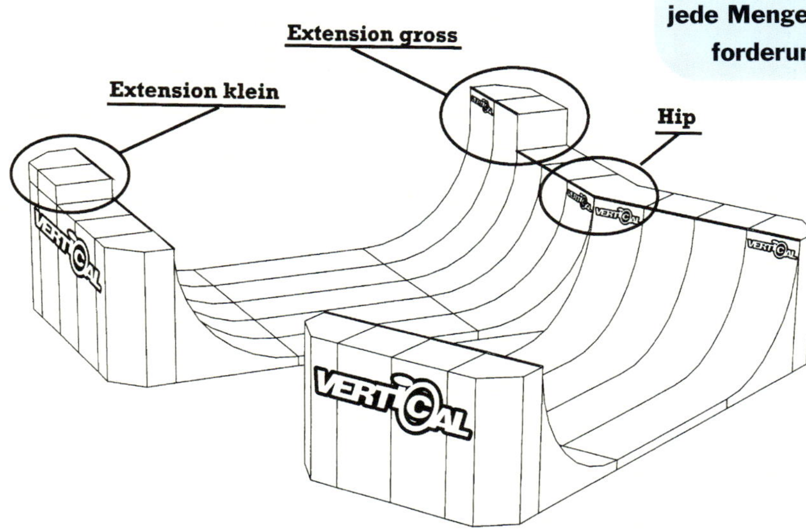

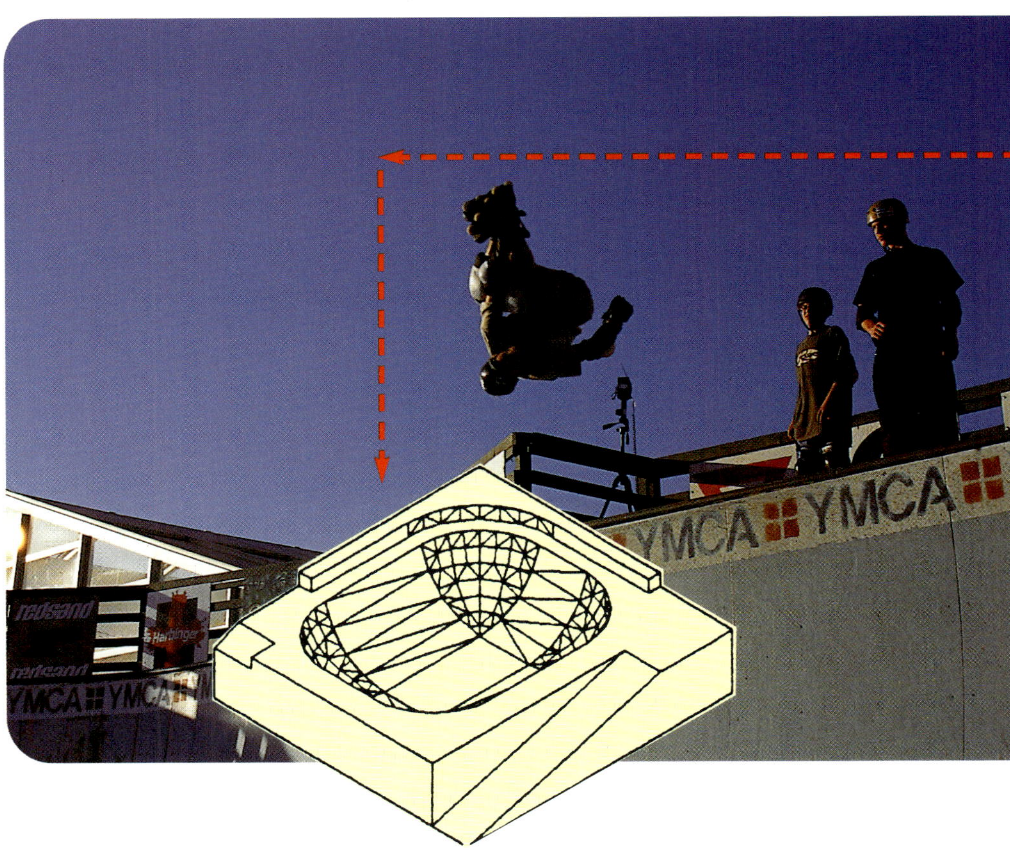

Bowl und Pool

Ein eher seltenes Element in Skate-Parks sind Pools und Bowls. Wie weiter vorn erwähnt, ist so ein Pool den amerikanischen Swimmingpools nachempfunden, daher auch sein Name. Swimmingpools gaben das Design vor: Sie sind am Boden mit einer Rundung versehen – und damit „skatebar" Die sogenannte „Bowl" sieht aus wie eine in den Boden eingelassene halbierte hohle Kugel, teils mit sehr viel Vert.

Quarterpipe

Die Quarterpipe besteht, was ihre Form betrifft, aus der Hälfte einer Halfpipe, ist allerdings wesentlich kleiner. Quarterpipes werden in verschiedenen Größen gebaut und dienen zum Schwungholen. Insbesondere Länge und Winkel der Transition variieren. Bei einer Anfänger-Quarterpipe ist letztere relativ lang und flach, also ohne Vert gestaltet. So nimmt man dem Anfänger die Angst vor der Pipe. In der Regel sind Quarterpipes 1,5 – 2,5 m hoch.

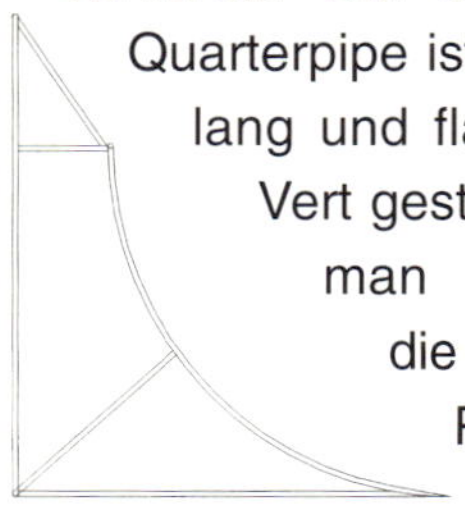

Funbox

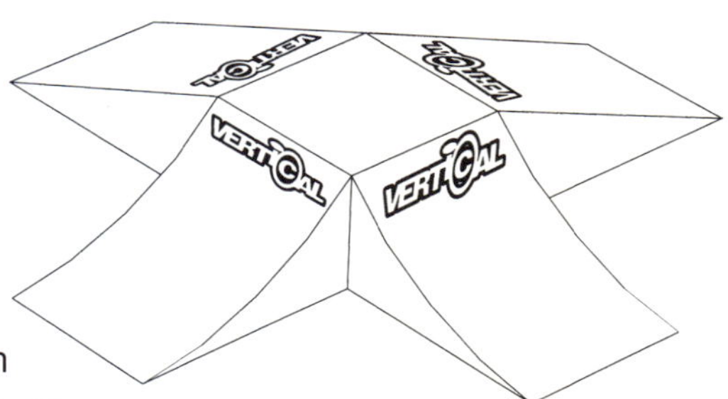

Die Funbox ist in Skate-Anlagen häufig zu finden. Ihrer Gestaltung sind eigentlich kaum Grenzen gesetzt, meist aber erscheint sie in Form einer flachen Pyramide, die von allen Seiten befahren werden kann. Es gibt allerdings auch Kombinationen, die sich nur von zwei Seiten befahren lassen, beispielsweise die Pandora-Box.

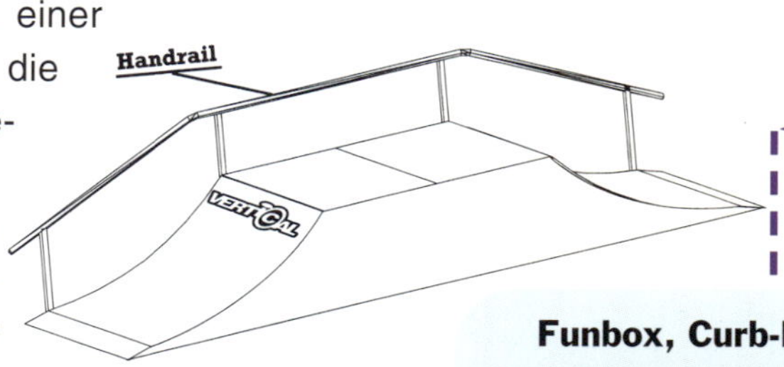

Die Auffahrt zu einer Funbox erfolgt entweder über verschiedene Quarterpipes oder Banks, die Abfahrt kann man sich über Lowrails oder Curbs gestalten – was dann den Einsatz von Grind-Technik einschließt. Manchmal sind Curbs auch oben auf dem Table und auf der Transition aufgebaut. Nach der Auffahrt kann man sie direkt zum Grinden anspringen, möglich etwa bei der Curb-Box.

Funbox, Curb-Box und Pandora-Box (von oben nach unten) stellen nur einen Teil des faszinierenden Skate-Park- „Mobiliars“ dar.

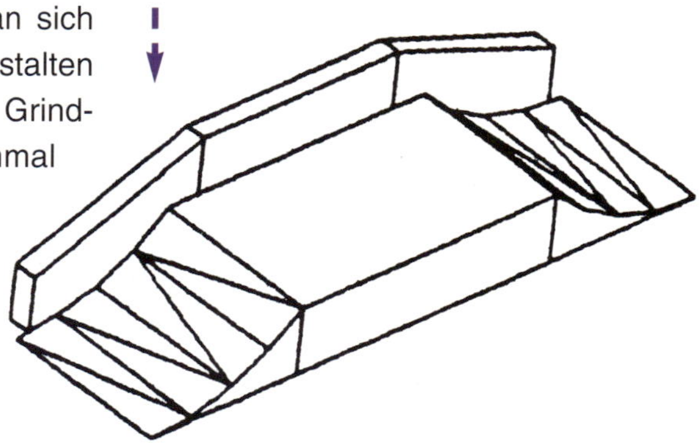

Jump-Ramp

Zum Park-„Mobiliar“ zählen weiterhin Jump-Ramps (Sprungschanzen), die ebenfalls in ganz unterschiedlichen Höhen vorkommen. Je nach Ausführung bieten sie Herausforderungen für Anfänger und Könner.

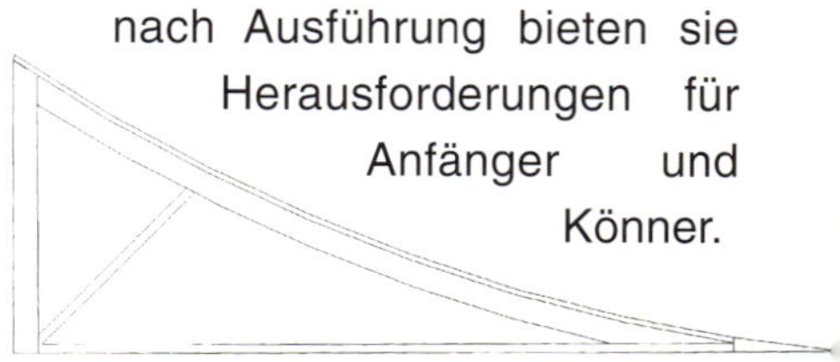

Die Auffahrt erleichtert oft ein am Boden eingefaßtes Stück Blech.

Banks

Banks sind Schrägen und Winkel aller Art. Wie die Quarterpipe können auch sie in verschiedenen Größen gebaut sein. Meist benutzt man sie im Transfer zwi-

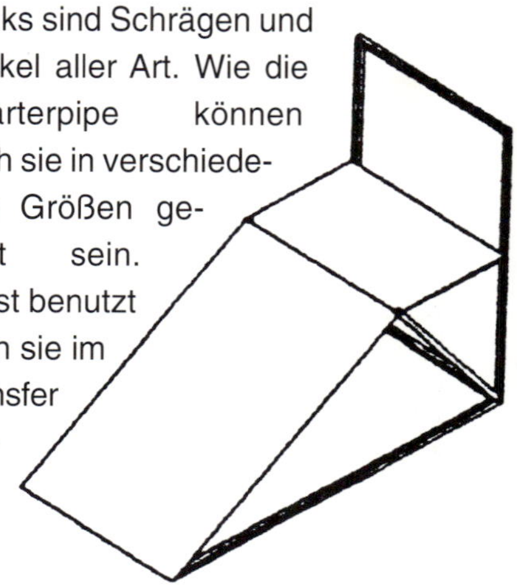

schen den eigentlichen Hindernissen zur Auf- oder Abfahrt.

Rails

Auch Rails (Stahlrohre zum Grinden) finden sich in den verschiedensten Längen, Biegungen und Montage-Höhen.
Lowrails (bis zu einer Höhe von 50 cm) dienen Grind-Anfängern zum Training. Manchmal sind Lowrails gleichmäßig abfallend gebaut, was das Grinden deutlich beschleunigt. Fortgeschrittene schließlich können auf Rohren mit einem oder mehreren Knicken skaten, etwa sogenannten „Kink-Rails".

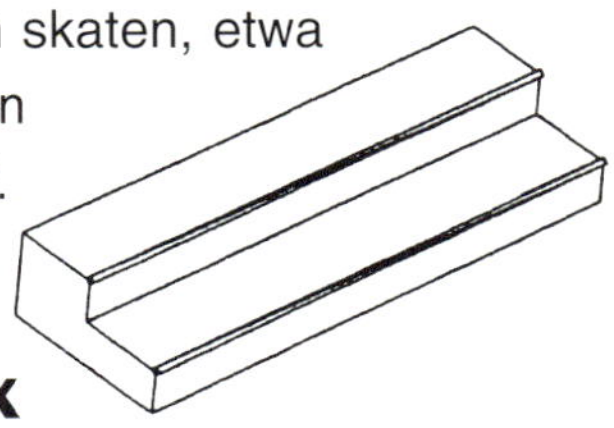

Mit ihnen fing einst alles an, und auch heute sind Skateboarder – nicht nur in den USA – auf allen Rollen flott.

Olliebox

Die Olliebox ist eine Art Holzblock mit zwei auf unterschiedlicher Höhe eingelassenen Rails. Auch hier können Anfänger problemlos erste Grind-Versuche starten, während gute Fahrer an ihr gefahrlos neue Mega-Tricks einproben.
Außer den hier gezeigten Gerätschaften haben sich einschlägige Hersteller natürlich noch alle möglichen weiteren Ausrüstungs-Gegenstände für Skate-Parks und -Hallen einfallen lassen. Der individuellen Ausgestaltung einer Skate-Area sind also keine Grenzen gesetzt. Nun liegt's an euch, die Anlagen in eurer Nähe zu skaten – eine Aus-

So sieht's in einem echten Skate-Park aus – ein Eldorado! Im Bild: YMCA-Skatepark Encinitas, Kalifornien.

Regeln für die Freiheit

Regeln fürs Aggressive-Skating – muß das sein? Bei aller Freiheit, die in dieser Sportart herrscht, solltet ihr ein paar Regeln und Verhaltensweisen beachten. Zum einen kann man so – etwa beim Street-Fahren auf der Straße – unerfreuliche Begegnungen mit Ordnungskräften vermeiden, zum anderen dienen diese Regeln eurem Schutz in der Halfpipe, auf Mini-Ramp und Street-Parcours.
Bitte wertet unseren kleinen Katalog nicht gleich als ehernes Strafgesetz, das euch die Freiheit nehmen möchte, sondern eher als ein Angebot gutgemeinter Empfehlungen, die ihre tiefere Bedeutung aus jahrelanger Skater-Praxis beziehen.

Street

Street-Skating kann man, wie gezeigt, auf zweierlei Weise betreiben: Zum einen geht's ums Fahren auf Straßen, zum anderen um das Street-Erlebnis iSkate-Parks oder -Hallen.. Entsprechend unterschiedlich sind die Regeln.

Street-Skating auf der Straße

- Nehmt Rücksicht auf alle Fußgänger und Radfahrer!
- Nehmt Rücksicht auf Skateboarder und andere Rollsportler!
- Trainiert nur da, wo nicht viel Fußgänger-Verkehr herrscht!
- Sichert euch beim Treppenfahren und Springen genügend freie Auslaufzonen!
- Falls ihr die Curbs einwachst, dann reinigt sie anschließend auch wieder!
- Bleibt mit den Skates am besten weg von den Rails, Curbs und Treppen irgendwelcher Amtsgebäude!
- Fragt bei eurer Stadt nach, wo ihr am besten skaten könnt und dürft!
- Seid immer freundlich und nett zu Ordnungshütern – nicht selten sind das ja längst selbst begeisterte In-Line-Skater!
- Skatet jederzeit mit Full-Protection, also mit Wrist-Guards, Elbow- und Knee-Pads sowie Helm! Benutzt auch die Schutzhose oder Shin-Guards – falls ihr so etwas habt!

Street-Fahren in Parks oder Hallen

- Fairneß geht vor – gebt also acht auf die schwächeren Fahrer!
- Nehmt Rücksicht auf Skateboarder und andere Rollsportler!
- Gerade gute Fahrer sollten bei überfülltem Parcours mit aller Vorsicht skaten!
- Helft euch gegenseitig beim Erlernen neuer Tricks!
- Haltet die Fun-Box und den Weg von der Quarterpipe zur Fun-Box frei!
- Laßt auch mal anderen Fahrern Vortritt bei einem Run!
- Skatet jederzeit mit Full-Protection, also mit Wrist-Guards, Elbow- und Knee-Pads sowie Helm! Benutzt auch die Schutzhose und Shin-Guards – falls ihr so etwas habt!

Regeln für Halfpipe und Miniramp

- Skatet jederzeit mit Full-Protection, also mit Wrist-Guards, Elbow- und Knee-Pads sowie Helm! Benutzt auch Schutzhosen und Shin-Guards – falls ihr so etwas habt!
- Nur ein einziger Skater fährt jeweils in der Rampe!
- Wer jeweils als erster in der Rampe ist, bekommt den Run!
- Befinden sich zwei Skater in der Rampe, muß einer von ihnen die Pipe sofort verlassen!
- Vermeidet Snaking – das hat nur bei Sessions was zu suchen!
- Während ein Skater seinen Run durchzieht – Füße weg vom Coping!
- Steht generell nicht zu nah am Coping, wenn ein Run abläuft!
- Macht euch beim Sitzen auf dem Table möglichst klein, und streckt die Füße nicht in Richtung Coping aus!
- Keine abfälligen Bemerkungen über schwächere Fahrer!
- Gute Tricks solltet ihr stets anerkennen!
- Seid nicht nur im Notfall hilfsbereit, sondern auch beim Weitergeben cooler Tricks!
- Wer unten steht, muß warten, bis ein Skater entweder stürzt oder die Fahrer auf dem Table ihn in die Rampe lassen!
- Zuschauer sollten mindestens 3–4 Meter von der Rampe entfernt sitzen!
- Ist jemand gestürzt, dann startet euren Run bitte nicht sofort, sondern wartet, bis die Rampe wieder frei ist!
- Laßt auch den schwächeren Fahrern öfter mal den Vortritt – so macht man sich Freunde!

Warm-Up Cool-Down

Warm-Up (Aufwärmen) vor dem Skating und Cool-Down (Abkühlen) danach – nach diesem Rezept fahren neuerdings auch viele Profi-Skater. Sie haben erkannt, daß sie auf diese Weise nicht nur ihre körperliche Leistungsbereitschaft optimieren, sondern zugleich Zerrungen und Verrenkungen vorbeugen. Ein gutes Aufwärmen bringt den Körper sozusagen auf Betriebstemperatur.

Stretching für Handgelenk- und Unterarmmuskulatur

- Rechten Arm vor dem Körper ganz ausstrecken • die rechte Hand nach oben anwinkeln • die linke Hand greift die Finger der rechten Hand und zieht diese langsam in Richtung Oberkörper, bis Anspannung spürbar wird

Stretch as stretch can!

Vor dem eigentlichen Skating solltet ihr euch 10–15 Minuten locker einfahren, sicherheitshalber schon mit angelegter Schutzkleidung. Daran schließen die hier vorgestellten Stretching-Übungen (Dehnübungen) an.
Verharrt bitte bei jeder Übung 10–30 Sekunden in der Endstellung, mit angespannten Muskeln also. Dann löst die Anspannung, und schüttelt die Muskeln zur Lockerung aus.
Stretching läßt sich auch nach dem Skating gut anwenden. Perfektes Cool-Down aber beginnt mit einem gemütlichen Auslaufen von circa 10 Minuten Dauer.

Stretching für Oberarm- und obere Schultermuskulatur

- Hände vor dem Körper in Schulterhöhe ineinanderlegen • Hände nach außen drehen und die Arme durchstrecken, bis in der Schultermuskulatur ein Spannungsgefühl auftritt • Rücken aufrecht halten

Stretching für Brust-, Schulter- und Armmuskulatur

- Hände hinter dem Rücken ineinanderlegen • die gestreckten Arme anheben, bis eine Dehnung in den Muskelpartien spürbar wird • Brustkorb vorwölben • Schultern hängenlassen

Trainiert bei entsprechenden Übungen wechselweise linke und rechte Körperseite (beziehungsweise Arme und Beine)!

Stretching für Handgelenk- und Unterarmmuskulatur

- Rechten Arm vor dem Körper ganz ausstrecken • rechte Hand nach unten abwinkeln • die linke Hand umfaßt den Handrücken der rechten Hand • nun rechte Hand langsam in Richtung Oberkörper ziehen, bis Anspannung spürbar wird

Stretching für vordere Oberschenkelmuskulatur

- Mit der linken Hand den linken Skate ergreifen, das Bein beugen und samt Skate in Richtung Gesäß – Rollen in Richtung Po – ziehen (bei Standschwierigkeiten festhalten – zur Not am Partner) • sobald Spannungsgefühl spürbar wird, betreffende Position halten • Oberkörper bleibt gestreckt

Stretching für Fußgelenkmuskulatur

- Im normalen Stand Knie beugen und mit Skates in Shifty-Position gehen: rechter Skate auf Außen, linker Skate auf Innenkante (eventuell am Geländer oder am Partner festhalten)

Bei jeder Übung: 10–30 Sekunden Endstellung halten, dann die Position auflösen und die Muskulatur lockern!

Stretching für Adduktoren und Unterleibsmuskeln

- Schneidersitz • Hände an die Skates legen • die Ellbogen drücken die Knie Richtung Boden, bis ein Dehnungsgefühl auftritt

Stretching für hintere Waden- und Oberschenkelmuskulatur

- Mit den Händen an einer Mauerkante (oder am Partner) festhalten • Ausfallschritt mit linkem Skate nach hinten, das linke Bein dabei strecken • das rechte Bein ist leicht gebeugt • Hüfte vorschieben

Street-Skating

Street-Skating – diese Spielart bietet alles, was auf Rollen möglich ist: Grindings auf Rails und Curbs, Springen über Hindernisse, Treppenfahren und so weiter. Dabei sind, wie schon gesagt, zwei unterschiedliche Versionen zu unterscheiden:

- Street-Skating auf offener Straße umfaßt all das an In-Line-Action, was in der normalen, täglichen Umgebung abläuft.
- Street-Skating in Parks und Hallen bietet in konzentrierter Form ein Maximum an Herausforderung, der man mit ebensoviel Mut und Können begegnet.

In den folgenden Kapiteln werden wir die jeweils optimalen Grundtechniken beider Spielarten beschreiben und im Bild darstellen. Bei Anwendung der Lerntips lassen die Übungen sich gemeinsam mit Freunden gut und sicher umsetzen.

Vor dem Start zum Street-Skating solltet ihr die grundlegenden Techniken für Stürze nach allen Seiten beherrschen, dazu das Vorwärts- und Rückwärts-Laufen, das Übersetzen vorwärts sowie rückwärts. Pflicht-

übungen außerdem: T-Stop, Power-Slide, Hockey-Stop sowie die Umkehrsprünge von vorwärts auf rückwärts und umgekehrt.
Natürlich solltet ihr auf echten Aggressive-Schuhen trainieren; normale Skates sind fürs Street-Skating nicht geeignet. Achtet bitte auch darauf: Ein neuer Schuh muß zuerst „eingegrindet" werden. Erst wenn das Rail im richtigen Winkel in die Aussparung flutscht, funktioniert er auch wirklich. Und schließlich hat jeder Fahrer seinen ureigenen Groove ...
Bevor ihr dann endlich loslegt, beachtet doch bitte, daß man nur Curbs einwachst, niemals jedoch Rails. Die übrigen Skater werden es euch danken, wenn sie von ihrem Geschwindigkeitserlebnis „Stahl auf Stahl" anschließend 'live' berichten können – und nicht dermaßen furchtbar „abgeschmiert" sind, daß sie's per Funk von einer geostationären Umlaufbahn aus tun müssen.

Rail-Grinding von Anthony Hercules links – rechts rutscht Richy Sedlar.

Street-Techniken für die Straße

Beim Street-Fahren auf der Straße sind uns in Sachen Fahrtechnik im Grunde keinerlei Grenzen gesetzt. Schon aus Platzgründen beschränken wir uns in den folgenden Lektionen jedoch auf die Grundtechniken:

- Treppenfahren rückwärts
- Treppenfahren vorwärts
- Treppenfahren mit Sprung
- Bremstechnik „Shuffle"
- Sprünge über natürliche Hindernisse
- Basic-Grinds auf Curbs und Rails

Treppenfahren rückwärts

Mit mittlerem bis hohem Tempo vorwärts anfahren • 180°-Drehung vor der Treppe • rückwärts auf die Treppe zufahren, der Kopf zeigt in Fahrtrichtung, die Treppe wird mit dem Blick fixiert • Füße nach vorn und hinten versetzen, Abstand etwa schulterbreit • Oberkörper nach vorn neigen, Gewicht hauptsächlich auf vorderen Fuß verlagern, Knie leicht beugen • ein Arm zeigt nach vorn, der andere in Fahrtrichtung, ebenso die entsprechende Schulter • bei langen Stufen: in Fallinie (kürzester Weg) auf der gesamten Schiene fahren • bei kurzen Stufen: die vorderen zwei Rollen der Skates fahren die Treppe in Fallinie ab • nach absolvierter Treppe ausrollen und entweder per Power-Slide bremsen oder nach 180°-Drehung mit T-Stop zum Stehen kommen

Treppenfahren vorwärts

Mit relativ hohem Tempo vorwärts anfahren • Füße nach vorn und hinten versetzen (etwa eine halbe Schrittlänge) • Gewicht auf hinteren Fuß verlagern • Beine beugen, Oberkörper aufrecht halten, Treppe mit dem Blick fixieren • Bein- und Rumpfmuskulatur anspannen • die Treppe auf den zwei hinteren Rollen des vorderen Schuhs und der vorderen Rolle des hinteren Schuhs (bei kleinen Stufen) in Fallinie abfahren • die Arme zeigen nach vorn • nach den Stufen ausrollen und Bremstechnik nach Wahl einsetzen

Wichtig beim Treppenfahren vorwärts: Jeweils ein Fuß stützt sich an der Stufe ab – der Skate setzt hier zwischen den Rollen auf (oben und rechts). Anfänger hangeln sich zunächst einmal am Treppengeländer entlang. (Fahrer: Benny Drescher, Team Oxygen)

Lern-Tips

1. Trainiert das Treppenfahren niemals mit Rucksack auf dem Rücken – sein zusätzliches Gewicht könnte euch schnell aus dem Gleichgewicht bringen!
2. Sucht euch zum Üben zuerst sehr breite Treppenstufen (ca. 50 cm breit) mit – wichtig! – einem Geländer am Rand!
3. Beginnt das Treppenfahren an Hindernissen mit maximal drei Stufen; da reicht auch mittleres Anfahrts-Tempo!
4. Übt Treppenfahren zunächst mit Festhalten am Geländer!
5. Erhöht dann langsam zunächst die Zahl der breiten Treppenstufen, haltet euch aber nach wie vor am Geländer fest!
6. Haltet euchr beim Herunterfahren der Stufen nur noch leicht am Geländer fest!
7. Skatet breite Treppenstufen ohne Geländer-Kontakt!
8. Sucht euch nun schmalere Treppenstufen, und trainiert dort diese Lerntips ab Nr. 3. erneut!

Treppenfahren mit Sprung

Vorwärts anfahren • Beine vor der Treppe leicht beugen • nach oben abspringen (nicht nach vorn!) • Körper kleinmachen • Arme zur Stabilisierung seitwärts ausstrecken • Landepunkt fixieren • zur Landung Beine strecken • bei Bodenkontakt tiefgehen, Knie stark beugen und die Muskulatur anspannen, die Füße sind versetzt • gegebenenfalls bei der Landung auch auf dem Knieschoner des hinteren Beines aufsetzen • Bremstechnik einsetzen

So bewältigen sprung-starke Experten lästige Stufen. Oben: Bryan Jaggers aus Encinitas; links: Brian Nunn, ebenfalls aus Encinitas, sowie rechts: Anthony Hercules aus Santa Monica.

Lern-Tips

1. Sucht euch zum Üben zunächst maximal drei Treppenstufen mit einer guten Landefläche!
2. Übt die Sprünge vorher auf ebenem Terrain!
3. Sichert euch gegenseitig die Landezonen!
4. Erhöht allmählich die Zahl der Treppenstufen!
5. Übt Drehungen erst, wenn ihr den Sprung sicher beherrscht!

Anmerkung:
Beim Treppen-Springen braucht ihr zwei bis drei Treppenstufen und danach entweder eine Plattform oder einen anderen Auslauf zur Landung. Bei diesem Sprung können Drehungen von 180° oder 360° sowie Grabs (kurzes Greifen der Skates per Hand) ausgeführt werden. Die Drehungen steuert ihr durch Kopfbewegung. Grabs funktionieren ebenso einfach: Während der Flugphase greift ihr einfach an eure Schuhe (siehe Fotos oben).

Bremstechnik „Shuffle“

Mit hohem Tempo anfahren • Tief-Hoch-Tief-Bewegung – beim „Pumpen“ mit dem gesamten Körper werden die Skates immer wieder entlastet, so daß die Drehung, möglich nur mit unbelastetem Skate, eingeleitet werden kann • beim letzten Tiefgehen Drehung und Beugen von Knien und Körper um 90° zur Fahrtrichtung • Fußgelenke nun stark beugen • der hintere Schuh (im Bild links) wird auf der Außenkante aufgesetzt und das hintere Bein stark gebeugt • der vordere Schuh (hier rechts) wird auf der Innenkante aufgesetzt und das vordere Bein leicht gestreckt • erst auf den Schuh-Schalen rutschen, dann den Druck durch Anspannen der Beinmuskulatur langsam auf die Rollen verlagern • der Oberkörper ist schräg nach vorn in Bremsrichtung gebeugt, ebenso zeigen der Kopf und der vordere Arm nach vorn • der andere Arm wird neben dem Körper fixiert • bremsen bis zum Stillstand durch Erhöhung des Drucks auf die Rollen

Anfahren mit hohem Tempo (rechts), dann Auf-und-nieder-Pumpen mit dem gesamten Körper, um die Bremsbewegung einzuleiten (Mitte rechts). Das Schrägstellen der Skates samt entsprechender Gewichtsverlagerung nach hinten bremst die Fahrt (Mitte links, unten rechts). (Fahrer: Richy Sedlar, Team Rollerblade)

Zuerst übt man das Ganze am besten mit einem Helfer (unten)

Lern-Tips

1. Übt die Bremstechnik „Shuffle“ zunächst im Stand, wobei ein Partner euch festhält!
2. Fahrt den Shuffle aus langsamer Geschwindigkeit mit fremder Hilfestellung: Der hilfreiche Partner hält euch beim Üben zunächst noch an beiden Händen fest!
3. Slidet zunächst nur auf den Schuhen!
4. Erhöht den Druck auf die Rollen langsam!
5. Baut die Unterstützung durch den Partner ab! Er läuft auf Skates neben euch her – nur noch eine Hand als Sicherheitsstellung! Erhöht zugleich eure Geschwindigkeit!
6. Laßt euch vom Partner nur noch im absoluten Notfall festhalten!
7. Trainiert bei Schwierigkeiten vorher noch einmal den Hockey-Stop!

Sprünge über Hindernisse

Ein Baumstumpf, ein Feldstein, ein kleiner Graben: natürliche Hindernisse, sollte man glauben. In-Line-Skater sehen so etwas globaler. Für sie, deren Erfahrung von Natur sich oft auf den Stadtpark beschränkt, ist all das „natürlich“, was sie sich nicht mühevoll selbst in den Weg gelegt haben, um es auf rasanten Rollen zu bezwingen. Dazu gehört die Mülltonne ebenso wie die Parkbank oder eine beliebige Treppe – was soll's. Im folgenden geht es nun darum, wie man mit derlei „naturgegebenen“ Hindernissen fertig wird als Pionier und Vorkämpfer einer völlig neuen Bewegungskultur auf kleinwinzigen Rollen ...

Sprung über ein Hindernis

Mit hohem Tempo anfahren • vor dem Hindernis tiefgehen, Knie und Oberkörper beugen • Arme nach hinten führen • Füße etwa auf Schulterbreite auseinander • Arme beim Absprung in Sprungrichtung hochreißen • in der Flugphase die Beine etwas anwinkeln • Arme seitlich fixieren und vor der Landung seitwärts und nach vorn ausstrecken • Landung auf versetzten Schuhen • Abfedern durch Beugung von Hüfte und Beinen • nach der Landung Bremstechnik einsetzen

Lern-Tips

1. Übt den Sprung zuerst auf flachem Terrain!
2. Steigert die Höhe eurer Hindernisse langsam, überspringt also zuerst Dosen, dann einen Rucksack, einen umgekippten Mülleimer etc.!
3. Werden die Hindernisse höher, dann lauft schneller an! Außerdem müßt Ihr nun die Beine stärker anwinkeln!

Verschiedene Sprünge über eine Öltonne – rechts in Verbindung mit einem Grab. (Fahrer: Richy Sedlar, Team Rollerblade)

Auch der gerade Sprung kann mit einem Grab durchgeführt werden; dazu zieht ihr während der Flugphase einfach die Beine stark an und ergreift mit einer Hand einen Schuh.

Sprung mit 180°- oder 360°-Drehung über ein Hindernis

Mit Volldampf anfahren • vor dem Hindernis tiefgehen, Oberköper und Knie beugen • Arme neben dem Körper halten • Skates sind vor dem Absprung auf Schulterbreite voneinander entfernt • Arme beim Absprung nach oben schwingen • Körper strecken, Beine anwinkeln, Arme neben dem Körper fixieren • die Kopfhaltung gibt die Drehbewegung vor (dazu einfach in Drehrichtung blicken!) • Drehbewegung stoppen: Blick auf die Landestelle • Arme seitwärts und nach vorn ausstrecken • Landung auf versetzten Schuhen, dabei Hüfte und Beine beugen • nach der Landung Bremstechnik anwenden

Drehsprung-Artistik. (Fahrer Richy Sedlar, Team Rollerblade)

Basic-Grinds auf Curbs und Rails

Wie sich beim lässigen Rutschen über Curbs und Rails die 'Sohle' des In-Line-Skaters mit seiner 'Seele' verbindet, zeigt am besten der Sprachgebrauch. Der Inbegriff cooler Fortbewegung, das Grinding, erhält als Zusatz das Wort „sole". „Sole-Grinding", also Rutschen auf der Skater-Sohle, wird allerdings „Soul-Grinding" geschrieben, mit vollem Nachdruck geübt und ausgeübt und in seelenvoller Verklärung als die „Seele" des Trendsports auf den schmalen Rollen betrachtet. Warum das so ist? – „Kult, Mann!"

Backside - Curb oder Rail rechts

Mit mittlerer Geschwindigkeit anfahren • mit 90°-Drehung schräg nach rechts aufspringen • Füße dabei leicht grätschen • beide Schuhe mit der Schienen-Innenseite zwischen der zweiten und dritten Rolle aufsetzen • Fußgelenke nach innen abknicken • Beine und Körper geradehalten • Kopf zeigt in Grind-Richtung • Absprung mit einer 90°-Drehung nach links

Lern-Tips

1. Übt Dreh-Sprünge zunächst auf flachem Terrain – zuerst den 180°-, dann den 360°-Sprung!

2. Trainiert anschließend den 180er auch über kleine Hindernisse, die nach und nach höher werden!

3. Beherrscht ihr den 180er – übt den 360er, wie unter Punkt 2 beschrieben!

Richy Sedlar präsentiert
die Grind-Technik
auf dem Curb.

Frontside – Curb oder Rail links

Mit mittlerer Geschwindigkeit anfahren • mit 90°-Drehung nach links auf Curb oder Rail aufspringen • Füße dabei leicht grätschen • beide Schuhe mit der Schienen-Innenseite zwischen der zweiten und dritten Rolle aufsetzen • Fußgelenke leicht nach innen abknicken • Beine und Körper geradehalten – Kopf zeigt in Grind-Richtung • Absprung mit einer 90°-Drehung nach rechts (Fahrer: Benny Drescher)

Soul-Grind – Curb oder Rail rechts

„Soul-Grinding away". (Fahrer: Richy Sedlar, Team Rollerblade)

Mit mittlerer Geschwindigkeit anfahren • der hintere Fuß setzt parallel zu Curb oder Rail zwischen Schienen-Außenseite und der äußeren Unterseite des Skates auf, wobei das Fußgelenk leicht nach innen geknickt und das Knie gebeugt ist (dies ist der typische Soul-Stand – allerdings wird das Bein beim Befahren von Curbs extrem angewinkelt; man sitzt fast auf dem Fuß) • vorderen Schuh nun in einem Winkel von etwa 45° zwischen zweiter und dritter Rolle auf der Schienen-Innenseite aufsetzen; Abstand zwischen den beiden Schuhen: eine bis zwei Schuh-Längen • beide Beine sind leicht angewinkelt, auch der Körper ist nach vorn gebeugt • Kopf zeigt in Grind-Richtung • Absprung erfolgt mit einer halben Drehung nach links

Lern-Tips

1. Sucht euch zum Üben unbedingt zuerst ein flaches Curb oder Rail!

2. Übt den jeweiligen Grind zunächst im Stand, wobei ein Partner euch an den Händen festhält!
Übrigens: Das Curb könnt ihr vor dem Grinden einwachsen, um es gängiger zu machen – keinesfalls aber das Rail! (Das ist meist auch so schon mehr als gängig ...)

3. Baut die Unterstützung durch den Partner langsam ab, und springt selbständig in den Grind-Stand (zuerst ohne Anlauf)!

4. Springt in den Grind-Stand, laßt euch vom Partner in Grind-Position über Curb oder Rail ziehen!

5. Fahrt langsam an, springt in den Grind-Stand! Der Partner zieht euch nun an den Händen über Curb oder Rail!

6. Fahrt langsam an, springt auf und grindet – der Partner gibt noch Hilfe!
7. Baut die Unterstützung durch den Partner weiter ab – nur noch eine Hand hält euch zur Sicherheit! Zugleich wird die Anfahrgeschwindigkeit höher!
8. Laßt euch nur noch im absoluten Notfall vom Partner halten!
9. Der erste Grind allein!
10. Sucht nun höhere Rails oder Curbs, und wiederholt die Lerntips 2–9!

Eindrucksvoll ist der „Mega-Soul“. (Fahrer: Tracey White, Team Bauer)

Hilfestellung beim Grinden.

Street-Techniken für Skate-Anlagen

Auch für den Auftritt im Eldorado des Street-Skaters, jenen speziellen Parks und Hallen, gibt es eine Vielzahl von Tricks und Techniken zu lernen. Auf sogenannte „Jumpramp-Stunts" verzichten wir an dieser Stelle jedoch. Solche Sprünge – und vor allem die anschließenden Landungen – schätzen wir weniger: Sie sind wegen der damit verbundenen hohen Aufprallenergie schlichtweg gesundheitsschädlich – besonders für die Kniegelenke.

Ohne Vorbehalte aber präsentieren wir euch hier die Grundtechniken:

- **Fun-Box-Sprünge mit Anlauf aus der Ebene und Landung auf dem Table**
- **Fun-Box-Drehsprünge (Spins) mit Anlauf aus der Ebene und Landung auf dem Table**
- **Quarterpipe als Anlauframpe**
- **Fun-Box-Sprünge mit Anlauf von der Quarterpipe und Sprung über die Box mit Landung in der Transition**
- **Basic-Grinds**

Bevor es richtig losgeht, solltet ihr euch an die Fun-Box gewöhnen. Fahrt zunächst mit mittlerer Geschwindigkeit auf die Transition zu, steigt dann mit kurzen schnellen Schritten (oder mit einem einzigen langen, energischen Ausfallschritt) bis zum Coping und logged dort mit einem Schuh ein. Setzt erst das zweite Bein auf den Table, zieht dann das erste nach.

Wollt ihr vom Table herunterfahren, so stellt euch zunächst mit einem Schuh – genauer: mit der Aussparung zwischen zweiter und dritter Rolle – aufs Coping der Fun-Box. Drückt euch nun vom hinteren Bein ab, und setzt dieses Bein in die Transition. Geht dabei leicht in die Hocke, und stoßt auch das andere Bein vom Coping ab. Bleibt bis zum Erreichen der Ebene in dieser Hock-Position.

Nach und nach könnt ihr nun eure Anlauf-Geschwindigkeit zur Fun-Box hin steigern, und irgendwann kommt ihr ganz ohne große Mühe auf den Table.

Das genau ist der richtige Zeitpunkt, um mit den Street-Grundtechniken für Skate-Parks und -Hallen zu beginnen.

Fun-Box-Sprünge mit Landung auf dem Table

Sie sind so vielseitig wie der gesamte Sport: stylisch, voller Ehrgeiz, völlig cool oder ganz schön verbissen. Die Rede ist von den Sprüngen, die Legionen von kreativ gebauten Fun-Boxen in den Skate-Hallen und -Parks rund um den Globus ihren Benutzern förmlich „unter die Sohlen legen“, jene schnellen mit den kleinen Rollen versehenen ...
Eines ist dem Skater, der die Fahr-Technik in diesem Buch richtig „inhaliert“ hat, jedoch bald klar: Die Fun-Box trägt ihren Namen zu Recht. Fun pur erlebt, wer sich schnell mit den kreativen Kisten anfreundet!

Gerader Sprung

Mit kurzen, schnellen Schritten im Flat Geschwindigkeit aufnehmen • vor der Transition der Fun-Box in eine leichte Hocke gehen • Arme in Vorhalte • auf der Hälfte der Transition Körper nach oben strecken • Armschwung nach oben und Abdruck am Ende der Transition • Blick nach vorn – in der Flugphase Oberköper leicht nach vorn gebeugt halten • zur Landevorbereitung Beine strecken, Landepunkt auf dem Table fixieren • beim Aufsetzen in die Hocke gehen; Schuhe sind parallel versetzt • die nachfolgende Transition abfahren • Oberkörper strecken und Bremstechnik anwenden

Lern-Tips

1. Übt diesen Sprung erst in der Ebene, und achtet dabei auf verstärkten Abdruck vom Boden!
2. Fahrt mit mittlerer Geschwindigkeit auf die Fun-Box, duckt euch in der Transition und überfahrt das Coping anschließend in aufrechter Körper-Position!
3. Drückt euch beim nächsten Versuch erst leicht von der Transition ab, verstärkt jedoch dieses Abdrücken dann zunehmend! Ein Partner kann euch dabei korrigieren.
4. Für ängstlichere Fahrer: Attackiert die Fun-Box mit einem bereits geübten Partner – Hand in Hand sozusagen. Führt den Sprung gemeinsam aus!

Gerader Sprung mit Hocke

Mit kurzen, schnellen Schritten im Flat Geschwindigkeit aufnehmen • vor der Transition der Fun-Box in eine leichte Hocke gehen, die Arme in Vorhalte • auf der Hälfte der Transition Körper nach oben strecken • Armschwung nach oben, Abdruck am Ende der Transition • Blick nach vorn, den Oberkörper in der Flugphase leicht nach vorn gebeugt halten • Beine sofort anhocken – in dieser Position bleiben • zur Landevorbereitung Beine strecken, Landepunkt auf dem Table fixieren • beim Aufsetzen in die Hocke gehen, Skates parallel • die Transition herunterfahren • Oberkörper strecken und Bremstechnik anwenden

Lern-Tips

1. Übt diesen Sprung erst in der Ebene, achtet dabei auf verstärkten Abdruck vom Boden!
2. Fahrt mit mittlerer Geschwindigkeit auf die Transition, drückt euch ab, und zieht die Beine dabei leicht an!
3. Verstärkt bei den nächsten Versuchen den Abdruck allmählich, zieht die Beine stärker an! Ein Partner kann euch dabei korrigieren.
4. Erhöht die Anlauf-Geschwindigkeit, drückt euch mit voller Kraft ab, und zieht die Beine ganz an!

Mute-Air und Mute-Grab

Anlauf wie beim Sprung mit Hocke • bei der Aufwärts-Flug-Bewegung greift der rechte Arm die Außenkante des linken Schuhs • der Oberkörper ist nach vorn geneigt • linke Schuhspitze über die rechte legen und beide mit der Hand nach rechts hinten in Richtung Gesäß ziehen • Oberkörper in Hohlkreuz-Haltung, Kopf gerade • der linke Arm ist zur Stabilisierung ausgestreckt • Position halten • Verschränkung lösen • rechte Hand läßt Schuh los • Beine strecken und Landung wie beim Sprung mit Hocke

Lern-Tips

1. Übt den Mute-Air bzw. Mute-Grab zuerst im Sitzen – am besten in Zeitlupe!
2. Geht dazu in ein Frei- oder Hallenbad, und übt den Sprung vom Ein- oder Drei-Meter-Brett!
3. Setzt an zum Mute-Air oder -Grab, unter euch das Schwimmbassin, legt beim Sprung nur die Hand auf den rechten oder linken Fuß und zieht kurz an ihm!
4. Erhöht die Geschwindigkeit, und probt den Mute-Air oder den Mute-Grab mit mehr Tempo! Ein Partner kann euch dabei korrigieren.

Geeignet für Anfänger: Mute-Air und Mute-Grab (oben) erfordern etwas Sprungkraft und Geschick beim Landen. Schon schwieriger: der Buddha (links unten).

Buddha

Anfahrt wie beim Sprung mit Hocke • nach oben abspringen • Füße zum Schneidersitz Richtung Rumpf ziehen • mit der rechten Hand den linken und mit der linken Hand den rechten Skate festhalten • Skates in dieser Position in Körpernähe fixieren • Oberkörper ist dabei leicht gebeugt, der Kopf weist in Flugrichtung • zum Landen Füße loslassen, Beine ausstrecken • Landung wie beim Sprung mit Hocke

Lern-Tips

1. Übt den Buddha zuerst im Sitzen – am besten in Zeitlupe!
2. Geht dazu in ein Frei- oder Hallenbad, und übt den Sprung vom Ein- oder Drei-Meter-Brett!
3. Setzt an zum Buddha – unter euch das Schwimmbassin –, verschränkt die Beine beim Sprung aber nur ganz kurz zum Schneidersitz!
4. Erhöht die Geschwindigkeit – Sprung! Verschränkt die Beine nun zum Schneidersitz und haltet kurz die Füße mit den Händen fest!
5. Probt jetzt den kompletten Buddha! Ein Partner kann dabei eure Haltung korrigieren.

Fun-Box-Drehsprung – Landung auf dem Table

Da wirbeln sie auf Rollen scheinbar schwerelos durch die Lüfte – und treffen doch zielsicher die angepeilte Landezone, wo sie nicht etwa weggerissen werden durch den Schwung ihrer eigenen rasanten Bewegung, sondern sich leichtfüßig fangen, um gleich den nächsten Überraschungs-Run einzuleiten.
Zur unendlichen Freude ihres Publikums.
Sprünge und Pirouetten, waghalsig fast wie beim Eiskunstlauf, sieht man auch bei den Cracks der In-Line-Szene – und hier sind einige von ihnen zu lernen. „Wertung: 6.0“ – die Traum-Note für den, der's irgendwann perfekt beherrscht ...

Spin 180°

Anlauf wie beim Sprung mit Hocke • nach dem Abdruck, noch in der Aufwärtsbewegung, durch Kopfhaltung Einleitung der ersten 90°- Drehung • Arme unterstützen die Rotationsbewegung • der Oberkörper ist fast gestreckt, die Beine sind leicht angewinkelt • die verbleibenden 90° durch Steuerung per Kopfhaltung weiterdrehen • Drehbewegung stoppen • Blick über die Schulter in die eigentliche Flugrichtung • Landevorbereitung durch Strecken der Beine • Schuhe sind versetzt • Abfedern der Landung durch Kniebeugung • die Transition rückwärts abfahren und mit Power-Slide zum Stehen kommen

Lern-Tips

1. Übt den Spin 180° erst auf ebenem Terrain!
2. Fahrt (ohne Sprung!) vorwärts auf den Table und sofort rückwärts wieder runter!
3. Startet mit mittlerer Geschwindigkeit, und dreht euch ohne starken Abdruck um 180°! Laßt euch gegebenenfalls durch einen Partner korrigieren!
4. Erhöht die Geschwindigkeit, und probiert den Spin 180° mit voller Kraft!

Mute 180°

Anlauf wie beim Spin 180° • hochspringen, mit 90°-Drehung nach rechts abspringen (Steuerung durch Kopfhaltung) • mit der linken Hand an die rechte Fußaußenseite greifen • rechte Fußspitze über die linke legen und beide mit der Hand nach links/hinten zum Gesäß ziehen • Oberkörper in Hohlkreuz-Haltung • vor dem Landen 90°-Drehung nach rechts • Füße loslassen, Blick über die Schulter in die eigentliche Flugrichtung • Beine strecken und landen wie beim Spin 180°

Alle Fun-Box-Sprünge demonstriert Richy Sedlar.

Lern-Tips

1. Übt den Mute 180° erst im Sitzen – am besten in Zeitlupe!
2. Geht dazu in ein Frei- oder Hallenbad, und übt den Sprung vom Ein- oder Drei-Meter-Brett!
3. Startet zum Mute 180°, legt bei der Drehung den Arm aber nur auf die jeweilige Schuhseite, und zieht kurz am Schuh!
4. Erhöht die Geschwindigkeit, und probt den kompletten Mute 180°! Ein Partner kann euch dabei korrigieren.

Hocke 360°

Anlauf wie beim Spin 180° • mit einer Drehbewegung nach oben abspringen • Schultern und Kopf nach rechts eindrehen, Kopfhaltung steuert die Rotation • Beine anhocken, Arme unterstützen die Drehung • Körper leicht beugen • kurz vor Beendigung der Rotation Blick auf Table fixieren • Beine strecken • Landung wie beim geraden Sprung mit Hocke

Lern-Tips

1. Übt die Hocke 360° erst im Sitzen – am besten in Zeitlupe!
2. Geht dazu in ein Frei- oder Hallenbad, und übt den Sprung vom Ein- oder Drei-Meter-Brett!
3. Erhöht die Geschwindigkeit, und probiert die komplette Hocke 360°! Ein Partner kann euch dabei bei Bedarf ja korrigieren.

Quarterpipe als Anlauframpe

Für viele Aktive beginnt die hohe Schule des Aggressive-Skatings ja erst auf der Halfpipe mit all ihren Möglichkeiten. Falsch. Vor die Halfpipe haben die Götter die Quarterpipe gesetzt – auf ihr kann man lernen, die später erforderliche Geschwindigkeit zu entwickeln. Dies mit so wenig Risiko und soviel Fun wie möglich zu lehren, ist Aufgabe dieses Buches. Womit wir schon wieder beim Thema wären ...

Auffahren und Sturztechnik rückwärts

Mit kurzen, schnellen Schritten in der Ebene Geschwindigkeit aufnehmen • in einer Art 'Charly-Chaplin-Gang' auf die Transition der Quarterpipe trippeln • unterhalb des Copings auf die Knieschoner fallen lassen - wobei die Knie etwa drei Handbreit Abstand voneinander haben • auch die Wrist-Guards ruhen auf der Transition, die Fingerspitzen zeigen nach oben • der Oberköper ist wie ein Paket Richtung Transition gebeugt, der Kopf liegt im Nacken • gesamten Körper anspannen, Fußspitzen anheben • in dieser Position die Transition herunterrutschen

Lern-Tips

1. Übt die Sturztechnik rückwärts und die Charly-Schritte erst in der Ebene !

2. Lauft ohne Skates auf die Quarter (Höhe allmählich steigern) und trainiert die Sturztechnik rückwärts !

3. Lauft mit Skates erst bis zur Hälfte der Quarter, übt dann die Sturztechnik rückwärts!

4. Lauft mit Skates fast bis zum Coping, übt dann Sturztechnik rückwärts!

5. Benutzt bei den Übungen 1–4 alle möglichen unterschiedlichen Quarterpipes und Banks!

Auffahren und Sturztechnik vorwärts

Mit kurzen, schnellen Schritten in der Ebene Geschwindigkeit aufnehmen • in einer Art 'Charly-Chaplin-Gang' auf die Transition der Quarterpipe trippeln • unterhalb des Copings halbe Drehung und auf die Knieschoner fallen lassen, wobei die Knie etwa zwei Handbreit Abstand voneinander haben • die Hüfte vordrücken, die Rückenmuskulatur ist voll angespannt (gerader Oberkörper) • die Arme sind schulterbreit geöffnet, die Wrist-Guards zeigen Richtung Boden, können aber auch aufgelegt werden • auf Knieschonern und gegebenenfalls Wrist-Guards die Transition bis zum Stillstand ins Flat hinunterrutschen

Lieber dreimal leicht gebailt als einmal hart geslamt – deswegen ist richtiges Stürzen so wichtig.

Lern-Tips

1. Übt die Sturztechnik vorwärts mit halber Drehung sowie die 'Charly-Schritte' erst in der Ebene!
2. Lauft ohne Skates auf die Quarter (Höhe allmählich steigern) und trainiert die Sturztechnik mit halber Drehung vorwärts!
3. Lauft mit Skates erst bis zur Hälfte der Quarter, übt dann die halbe Drehung und die Sturztechnik vorwärts!
4. Lauft mit Skates fast bis zum Coping, übt dann die halbe Drehung und die Sturztechnik vorwärts!
5. Benutzt bei den Übungen 1– 4 alle möglichen unterschiedlichen Quarterpipes und Banks!

Auffahren, Pushen, Drehung

In der Ebene mit kurzen, schnellen Schritten Geschwindigkeit aufnehmen • die Skates vor der Transition etwa zwei Handflächen breit auseinanderstellen • linker und rechter Skate sind zudem leicht versetzt • der hintere Skate schließt mit seiner vorderen Rolle an die hintere Rolle des vorderen Schuhs an • Knie und Oberkörper beugen – Körperspannung • Arme sind zum Schwungholen nach hinten genommen • Arme in der Transition kräftig vorschwingen und vorwärts über den Kopf hochreißen • Körper voll durchstrecken • im toten Punkt mit den Skates eine 180°-Drehung vollführen • tief ducken und die Transition hinabfahren • Abfahrtsschwung in der Ebene nutzen

„Pushing hard“. (Fahrer: Richy Sedlar)

Lern-Tips

1. Übt das Pushen und die Drehung zuerst in der Ebene!
2. Beachtet die Abfolge: auffahren, pushen – dann mit Falltechnik rückwärts die Transition hinunterrutschen!
3. Fahrt auf, pusht mit halber Drehung, und fahrt dann die Transition hinunter! Partner, korrigiert die Bewegung eurer Freunde!
4. Benutzt bei den Übungen 1–3 auch die unterschiedlichen Quarterpipes und Banks!

Sit-In

Auf den Table setzen, das Gesäß direkt hinter dem Coping • die Beine hängen in der Quarterpipe • die Hände liegen neben den Oberschenkeln auf dem Coping, Fingerspitzen Richtung Rampe • Beine anwinkeln, Oberkörper nach vorn lehnen und das Körpergewicht auf die Hände verlagern • mit den Händen druckvoll nach vorn abstoßen • Beine noch stärker anwinkeln und nach vorn in die Quarter kippen lassen • Skates sofort auf der Rampe aufsetzen und in Push-Grundstellung gehen • Transition vorwärts hinunterfahren

Auffahren und Hochziehen am Coping

Mit kurzen, schnellen Schritten in der Ebene Geschwindigkeit aufnehmen • in 'Charly-Chaplin-Gang' auf die Transition der Quarterpipe trippeln • kurz unterhalb des Copings Arme nach vorne und oben strecken • mit den Händen ans Coping greifen • Körper zum Coping hochziehen, die Beine sind dabei angewinkelt • nach Arm-Stütz auf dem Coping Beine auf den Table ziehen • die Beine unterstützen das Hochziehen durch Kletterbewegung

Lern-Tips

1. Lauft die Quarterpipe zuerst ohne Skates bis unterhalb des Copings hoch! – Geht in den Arm-Stütz, und zieht euch am Coping hoch!
2. Pusht die Quarter mit Skates hoc – geht dann auf dem Coping in den Stütz, und rutscht die Transition unter Anwendung der Falltechnik rückwärts hinab!
3. Führt die Gesamtbewegung aus – der Partner steht zur Unterstützung auf dem Table bereit (zum Hochziehen ...)!
4. Benutzt bei den Übungen 1–3 auch die unterschiedlichen Quarterpipes und Banks!

Drop-In

Aufrechter Stand auf dem Table • ein Skate steht auf dem Coping (das Coping wird von den beiden mittleren Rollen eingerahmt) • das Bein auf dem Coping ist das hintere Bein in der Push-Grundstellung • das andere steht auf dem Table • dieses Bein mit Schwung vom Table in die Quarterpipe bewegen • leicht in die Knie gehen, Körper nach vorn kippen • Push-Grundstellung einnehmen und vorwärts die Quarter abfahren

Wer den Drop-In auf der Quarter sicher beherrscht, wird ihn schnell auch für Miniramp und Halfpipe lernen.

Lern-Tips

1. Praktiziert die Falltechnik vorwärts aus der Sit-In-Position zuerst ohne Skates!
2. Nehmt dazu nun auch die Skates!
3. Legt euch beim Sit-In mit Skates weit in die Quarter hinein – ein Partner gibt dabei Halt und Hilfestellung gegen unbeabsichtigte 'Frühstarts'!
4. Übt den Sit-In nun ohne Partnerhilfe!
5. Benutzt bei den Übungen 1 – 4 auch die unterschiedlichen Quarterpipes und Banks!

Lern-Tips

1. Lernt als erstes, den Sit-In perfekt auszuführen!
2. Setzt euch auf dem Table in Start-Position auf einen (Limo-)Kasten. Jetzt Übergang zum Drop-In aus dem Sitzen! Ein Partner hält euch gegen vorzeitiges 'Abtauchen' in die Pipe fest!
3. Legt euch beim Drop-In im Stand mit Skates weit in die Quarter hinein – ein Partner gibt Halt und Hilfestellung gegen einen 'Frühstart'!
4. Tragt, falls vorhanden, zusätzlich Schutzhosen!
5. Führt den Drop-In ohne Partnerhilfe aus!
6. Benutzt auch bei den Übungen 1–5 die unterschiedlichen Quarterpipes und Banks!

Fun-Box-Variationen in Vollendung

Alle bisher vorgestellten Sprünge könnt ihr natürlich auch mit einem Anlauf von der Quarterpipe aus durchführen. Sämtliche Übungsanleitungen gelten auch hier. Deshalb verzichten wir auf Wiederholungen und lassen diese Bilder von Richy Sedlars Super-Sprung für sich allein sprechen.
Um den Table zu überspringen, müßt ihr in der Ebene durch kurze, kraftvolle Schritte zusätzlich Schwung holen. Außerdem ist ein viel stärkeres Abdrücken von der Transition der Fun-Box erforderlich. Vor dem Aufsetzen auf der gegenüberliegenden Transition solltet ihr dort euren Landepunkt fixieren. Versetzt vor dem Bodenkontakt die Skates parallel, geht dann in die Hocke, und fahrt nach der Landung die Transition aus. Erst dann ist es an der Zeit, den Oberkörper wieder aufzurichten und zu bremsen.

Basic-Grinds

**Nicht weniger spektakulär als die gezeigten Übungen ohne Bodenkontakt ist jene Technik des rasanten Rutschens über stählerne Geländer: das Grinding.
Wo Fußgänger oft froh sind, sich beim Überwinden der alltäglichen Höhenunterschiede einmal festhalten zu können, rasen versierte Skater mit atemberaubender Körperbeherrschung – und ebensolchem Speed – über die glatten Rohre. Wie über Schienen …
Und weil man Schienen nicht unbedingt einwachsen sollte, um sie noch „schneller" zu machen, braucht man es auch mit den Rails nicht zu tun. Glaubt den Experten: Die sind wahrhaftig „schnell" genug!**

Frontside

Mit mittlerer Geschwindigkeit anfahren • mit 90°-Drehung nach links aufs Rail aufspringen, dabei die Beine leicht grätschen • beide Schuhe mit der Schienen-Innenseite zwischen der zweiten und dritten Rolle aufsetzen • Fußgelenke leicht nach innen knicken, Beine und Körper ansonsten gestreckt lassen • der Kopf zeigt in Grind-Richtung • Absprung mit einer 90°-Drehung nach rechts

Lern-Tips

1. Fangt beim Erlernen der Grinds immer auf einem Lowrail an, oder benutzt dazu eine Olliebox, sofern in der Skate-Anlage vorhanden!
2. Übt zunächst nur einen Grind, bis ihr den perfekt beherrscht. Dann kommt der nächste dran!
3. Übt den Grind zunächst im Stand, wobei euch ein Partner an den Händen festhält!

Backside

Mit mittlerer Geschwindigkeit anfahren und mit einer 90°-Drehung schräg nach rechts aufspringen, dabei Beine leicht grätschen • beide Schuhe mit der Schienen-Innenseite zwischen der zweiten und dritten Rolle aufsetzen • Fußgelenke nach innen knicken, Beine und Körper bleiben jedoch gestreckt • Absprung mit einer 90°-Drehung nach links

Soul-Grind

Mit mittlerer Geschwindigkeit anfahren • den hinteren Fuß parallel zum Rail zwischen der Außenseite der Schiene und der äußeren Unterseite des Skates aufsetzen - das Fußgelenk ist dabei leicht nach innen geknickt und das Knie nach vorn gebeugt (Soul-Stand) • den vorderen Schuh in einem Winkel von etwa 45° zwischen der zweiten und dritten Rolle auf Schienen-Innenseite aufsetzen • Abstand zwischen den beiden Schuhen: etwa ein bis zwei Schuh-Längen • beide Beine sind leicht angewinkelt, der Körper ist ebenfalls gebeugt • der Kopf zeigt in Grind-Richtung • Absprung mit einer halben Drehung nach links

4. Baut die Unterstützung durch den Partner langsam ab, und springt selbständig in den Grind-Stand (ohne Anlauf)!
5. Springt in den Grind-Stand – der Partner zieht euch in Grindposition übers Rail!
6. Fahrt langsam an, springt in den Grind-Stand – der Partner zieht euch an den Händen übers Rail!

7. Fahrt langsam an, springt auf und grindet – wobei der Partner euch aber noch festhält!
8. Baut die Unterstützung durch den Partner ab –- nur noch eine Hand hält euch zur Sicherheit! Erhöht zugleich die Anfahrgeschwindigkeit!

9. Laßt euch nur noch im absoluten Notfall vom Partner festhalten!
10. Fahrt den Grind alleine!
11. Skatet nun höhere Rails, wendet dabei wieder Lerntips 2–10 an!

Vert-Skating

Die Königsdisziplin im Aggressive-Skating zieht Jugendliche und Junggebliebene geradezu magisch an; Zuschauer weltweit verbinden sie untrennbar mit dem schnellen Trendsport. Nach dem Ort ihrer Austragung und dessen herausragender Schikane nennt man sie „Halfpipe“ oder „Vert“; ihre kleine Schwester ist die „Miniramp“.

Es vergeht kaum ein Tag, an dem keine neuen Tricks und Figuren entstehen. Das staunende Publikum erhält sie bei zahlreichen Contests (Wettkämpfen) präsentiert.

Aktive wie Fans des Aggressive-Sports verwenden ganz ungeniert eine Vielzahl amerikanischer Begriffe. Zum besseren Verständnis wollen wir hier die wichtigsten für Einsteiger entschlüsseln – im folgenden kommen diese Fachausdrücke dann öfter vor ...

Um in den Röhren Schwung zu holen, muß man „pushen“; der Start vom Coping erfolgt durch einen „Sit-In“ (aus Sitzposition in die Rampe starten) oder durch „Drop-In“ (Start aus dem Stand). Fortgeschrittene Fahrer beherrschen „Basic-Airs“, also Sprünge über das Coping der Halfpipe, oder „Lip-Tricks“, Tricks auf dem Coping der Rampe.

Sprünge mit „Spins“ beinhalten Drehungen (von mehr als 180°) um die eigene Achse. Wer sogenannte „Inverts“ oder „Plants“ vorführt, macht Handstände am Coping. Am spektakulärsten sind natürlich meist die Salti (Überschläge) oder sogenannte „Flips“.

Nicht einmal Profis können alle Tricks perfekt beherrschen. Sollte man also mal die Kontrolle verlieren, kann man in den meisten Fällen einfach „bailen“, sprich: einen kontrollierten Abgang auf den Schützern („Pads“) machen. Verläuft ein Sturz hingegen unkontrolliert, nennt man das einen „Slam“.

Was es nicht einfacher macht: Die verschiedenen Techniken kommen in ganz unterschiedlichen Kombinationen und Stilen vor – je nachdem, welcher Fahrer sie zeigt. Aggressive-Skating ist eben eine sehr individuelle Sache. Deshalb beschränken wir uns bei der Darstellung des Miniramp- und Halfpipe-Skatings sowie den zugehörigen Lerntips auf die Grundlagen.

Bevor ihr euch an die Ramps und Pipes herantraut, solltet ihr das „Alltags-Skating“ in seinen Grundzügen unbedingt sicher beherrschen: Stür-

zen nach vorn und zur Seite, den T-Stop, das Vorwärts-, Bogen-, Kurven- und Rückwärts-Laufen sowie den Umsprung von rückwärts auf vorwärts und umgekehrt.
Beim Erlernen der im folgenden vorgestellten Techniken ist es meist ratsam, den Basic-Trick zuerst in der Miniramp zu probieren. Das gilt aber beispielsweise nicht für die Falltechniken, die ihr gleich in der Halfpipe üben solltet. Wir geben den optimalen Übungsort daher in der Beschreibung und bei den Lerntips lieber noch einmal zusätzlich an.
Wenn möglich, solltet ihr beim Training einen Partner an der Seite haben, der euch wichtige Hilfestellung geben kann. Führt alle Übungen zur Sicherheit stets in der Mitte der Rampen durch!
Unerläßlich für Anfänger und Fortgeschrittene: die richtige Falltechnik in der Halfpipe – zuerst ohne, dann endlich mit Skates. Sie steht daher auch bei den Übungen ganz vorn. Wer sie trainiert, verliert wie von selbst die Angst vor der großen Pipe. Dem Pushen wenden wir uns anschließend zu, danach auch den Start-Varianten vom Coping, also Sit-In oder Drop-In.
Unsere Basic-Airs-Lektion vermittelt erste Fluggefühle, und mit den Lip-Tricks lernt ihr auf dem Coping nicht nur zu stehen (Stand-Tricks), sondern auf der Metallstange auch zu grinden (Grinds). Zum Abschluß der Basic-Techniken solltet ihr die Spins und Inverts versuchen.
Eines jedoch können alle hier aufgeführten methodischen Tricks und Kniffe den Fahrern auf Miniramp und Halfpipe nicht ersetzen: das Üben, Üben, Üben ...
Anders ausgedrückt: „Ein Tag ohne Ramp-Skating ist einfach kein kompletter Tag!"

Stürzen auf Halfpipe und Miniramp

Richtig und sicher zu stürzen, das übt man in der Halfpipe, nicht auf der Miniramp. Der Grund dafür: Die lange Transition der Halfpipe erleichtert das Training. Außerdem haben wir einen Nebeneffekt im Auge: Lernt ihr die Pipe erst beim harmlosen Rutschen kennen, verliert ihr die Angst vor der großen Röhre.

So sieht sie aus, die 'Paket-Haltung' mit angespannten Muskeln.

Die folgenden Sturz-Übungen trainiert ihr zunächst ohne Skates, damit ihr euch ganz aufs richtige Fallen konzentrieren könnt. Nach und nach wird erst die Fallhöhe in der Transition gesteigert, dann kommt es zum vorläufigen Show-down: Sturz vom Coping – und zwar rückwärts wie vorwärts! Ganz zum Schluß erst kommen die Skates unter die Füße – aber dann könnt ihr ja längst lässig stürzen – ganz ohne Risiko.

Rückwärts-Fallen auf Halfpipe und Miniramp

Beim Rückwärts-Sturz – das Gesicht zeigt dabei zur Transition – berührt man den Boden zuerst mit den Knieschonern; die Knie stehen dabei etwa drei Handbreit voneinander entfernt • der Oberkörper ist wie im Gebet Richtung Rampe gebeugt, die Wrist-Guards liegen auf der Rampe auf (Finger zeigen nach oben, der Kopf liegt weit im Nacken) • der ganze Körper ist angespannt • die Fußspitzen sind angehoben • in dieser Stellung nun weiterrutschen bis zum Stillstand im Flat

Lern-Tips

Sturz im Flat ohne Skates

1. Vollführt ansatzlos aus dem Stand einen Sturz rückwärts – genau wie in der Grundtechnik beschrieben!
2. Laßt euch im Flat also auf die Knie fallen, und nehmt die Position für den Rückwärts-Sturz ein.
3. Laßt eure Haltung dabei von einem Partner korrigieren!

Arbeitet euch an diese nicht ganz einfache Übung am besten methodisch und in mehreren Schritten heran; zur Sicherheit probiert die einzelnen Phasen zunächst erst einmal ohne Skates.

Lern-Tips

Sturz ohne Skates in der Transition

1. Der leichteste Weg: Lauft aus dem Flat locker auf die Transition, stürzt dort rückwärts, wobei der Blick zur Rampe gerichtet ist. Rutscht weiter bis ins Flat.
2. Das Ganze geht auch zielgenauer: Markiert eure Transition mit bunten Klebestreifen: 1/4 der Gesamthöhe, 1/2 Höhe, 3/4 Höhe der Transition. Lauft nun vom Flat aus bis zur ersten Markierung, vollführt dort einen Sturz rückwärts. Ausrutschen, Neustart – jetzt bis zur nächsthöheren Markierung usw. Laßt euch dabei wieder von einem Partner korrigieren!
3. Jetzt drehen wir ein bißchen auf: Lauft „mit Vollgas“ vom Flat aus über die Transition bis zum Coping, haltet es fest, wartet kurz, und schließt dann mit Sturz rückwärts und Ausrutschen bis ins Flat ab. Laßt euch dabei von einem Partner korrigieren!
4. Wenn ihr so etwas inzwischen schon mit traumhafter Sicherheit beherrscht, könnten wir zwischendurch eigentlich ein wenig ans „Show-Biz“ denken?! Also: mit Speed vom Flat aus auf der Transition bis zum Coping laufen, Coping kurz mit Wrist-Guards abklatschen, dann Sturz rückwärts – und ausrutschen bis ins Flat!

Richtiges Stürzen ist deshalb so wichtig, weil man sich damit nicht nur bei den riskanteren Übungen vor Verletzungen schützen kann. Übt daher erst einmal zu stürzen – auch ohne Skates –, bevor ihr fliegen lernt!

Lern-Tips

Sturz mit Skates in der Transition

1. Öffnet die Beine im Flat etwa schulterbreit, und bringt die Fersen in V-Position. Beugt die Knie leicht, und neigt den Oberkörper ein wenig nach vorn. So lauft ihr auf der Innenkante der Skates mit kleinen Trippel-Schritten ('Charly Chaplin') auf die Transition. Dort folgt der bekannte Sturz rückwärts mit Blickrichtung zur Rampe. Rutscht weiter bis ins Flat! Laßt euch dabei von einem Partner korrigieren!
2. Es geht noch ein bißchen rasanter (immer geht's noch ein bißchen rasanter, das ist ja das Schöne am Skate-Sport): Sturz rückwärts aus dem Table-Stützstand – mit Skates diesmal. Kennt ihr die Übung mit der Leiter? Versucht den Trick nur mit den Skates! Der Ablauf ist ansonsten identisch; lest daher noch einen Absatz weiter unten nach. Und laßt euch vom Partner ein paar gute Haltungsnoten verpassen!

Wer so durch die Halfpipe robbt, verliert die Angst davor!

Lern-Tips

Stütz auf Coping – Sturz rückwärts

Na ja, nur Show-Biz wird auf die Dauer auch langweilig – und wir alle wollen doch gern ein wenig höher hinaus!
1. Also die Leiter geholt! Klettert mit ihrer Hilfe die Rampe hinauf und nehmt dort die Position zum Rückwärts-Fallen ein (zu deutsch: Der Allerwerteste zeigt Richtung Rampe)!
2. Schiebt euch langsam weiter Richtung Coping – bis eure Knee-Pads auf dem Coping aufliegen. Stützt die Hände nun neben den Knien aufs Coping, das Körpergewicht ruht zum Großteil auf den Händen!
3. Nehmt langsam Stützstellung am Coping ein – die Beine baumeln in die Pipe – und setzt die Knieschoner im Vert auf die Rampe auf. Drückt jetzt den Körper mit den Händen vom Coping weg, setzt die Wrist-Guards unterhalb des Copings auf – es folgt, wie gehabt, Sturz rückwärts mit Hinunterrutschen ins Flat!

Vorwärts-Sturz auf Halfpipe oder Miniramp

Beim Vorwärts-Sturz auf der Rampe sollte man immer zuerst auf den Knieschonern landen, die Knie etwa zwei Handbreit auseinander. Die Hüfte ist dabei nach vorn gedrückt und die Rückenmuskulatur angespannt (gestreckter Oberkörper). Die Arme sind schulterbreit geöffnet, die Wrist-Guards zeigen Richtung Boden, um eventuell den Sturz gleich abzufangen, sollte er außer Kontrolle geraten, also vom harmlosen Bailing in einen Slam übergehen. Die Finger zeigen nach oben, der Kopf ragt in die Höhe – so rutscht ihr auf Knieschonern – sowie gegebenenfalls Wrist-Guards – weiter bis zum Stillstand im Flat.

Lern-Tips

Sturz im Flat ohne Skates

Laßt euch im Flat aus dem Stand auf die Knie fallen, und nehmt die Position für den Vorwärts-Sturz ein. Laßt eure Haltung dabei von einem Partner korrigieren!

Sturz mit Anlaufen ohne Skates

Laßt euch nach dem Anlaufen im Flat auf die Knie fallen, und nehmt die Position für den Vorwärts-Sturz ein; rutscht weiter bis zum Stand. Laßt eure Haltung dabei von einem Partner korrigieren!

Lern-Tips

Sturz ohne Skates in Transition

Lauft aus dem Flat in einem Bogen locker auf die Transition, dreht euch dort so, daß ihr in Sturz-vorwärts-Position kommt; geht auf die Knee-Pads, und rutscht weiter bis ins Flat! • Laßt eure Haltung dabei von einem Partner korrigieren!

Achtung: Dreht mit Bodenkontakt, springt dabei nicht von der Rampe ab!

Sturz vorwärts bei Markierungspunkt

Markiert die Transition wieder mit bunten Klebestreifen: 1/4 der Höhe , 1/2 Höhe, 3/4 Höhe der Transition. Lauft nun vom Flat aus bis zur ersten Markierung, dreht dort – und setzt an zum Sturz vorwärts. Weiterrutschen bis ins Flat, dann neuer Anlauf, neuer Versuch bis zur nächsthöheren Markierung usw.

Lern-Tips

Bogenlauf – am Coping abklatschen

1. Lauft kraftvoll vom Flat aus auf der Transition bis zum Coping!

2. Dreht dort, und klatscht das Coping kurz mit den Wrist-Guards ab!

3. Schließt den Sturz vorwärts an, und rutscht weiter bis ins Flat!

Achtung: Dreht mit Bodenkontakt, springt dabei nicht von der Rampe ab!

Lern-Tips

Sitz auf Coping – Bud-Slide

1. Klettert mit Hilfe einer Leiter die Rampe hinauf, setzt euch dann aufs Coping!

2. Laßt die Beine in die Rampe hängen, die Hände liegen neben den Hüften auf dem Coping!

3. Verlagert das Gewicht nun auf die Hände, hievt den Hintern übers Coping in die Rampe, beugt den Kopf nach vorn!

4. Drückt euch mit den Händen vom Coping weg, und rutscht auf dem Gesäß die Rampe runter!

Sitz auf Coping – Rampe seitlich herunterrutschen

Klettert wie zuvor die Rampe hinauf, und setzt euch aufs Coping. Die Beine hängen in die Rampe, die Hände ruhen neben den Hüften auf dem Coping. Nun winkelt die Knie an, und dreht sie zur Seite. Oberkörper und Kopf beugt ihr seitlich nach vorn – und drückt euch mit den Händen nun leicht nach vorn ab. Auf Hüfte, Knie- und Ellbogenschonern gleitet ihr seitlich die Rampe hinab.

Springt beim Abstoßen nicht in die Rampe, sondern gleitet sanft hinein!
Haltet die Schultern immer parallel zum Coping !
Probiert es erst mal auf der Miniramp, wenn euch die Halfpipe zuviel Respekt einflößt!

Partnerhilfe: Der Helfer hält den auf dem Coping sitzenden Skater am Oberkörper fest. So kann dieser sich gefahrlos in die Rampe beugen. Reicht die Schräglage, läßt der Partner los.

Lern-Tips

Sitz auf Coping – Sturz vorwärts

1. Klettert wie zuvor die Rampe hinauf, und setzt euch aufs Coping. Die Beine hängen in die Rampe, die Hände ruhen neben den Hüften auf dem Coping.

2. Winkelt nun die Knie an, und dreht sie zur Seite. Beugt euren Oberkörper und Kopf nach vorn (keine seitliche Drehung!)

3. Setzt die Schuhe rechts und links vom Körper aufs Vert auf, verlagert das Körpergewicht auf die Hände – und schubst den Körper mit den Händen leicht in die Rampe!

4. Setzt sofort die Knieschoner seitlich im Vert auf, haltet die Körperspannung (gerade Wirbelsäule), und dreht die Knie nach vorn! Es folgt: Sturz vorwärts und Rutschen bis ins Flat.

Lern-Tips

Sturz mit Skates in der Transition

1. Trippelt im 'Charly-Chaplin-Gang' mit Bogen auf die Transition, und vollführt den Sturz vorwärts! Öffnet dazu im Flat die Beine etwa auf Schulterbreite, und bringt die Fersen in V-Position!

2. Beugt nun die Knie leicht, und neigt den Oberkörper behutsam nach vorn! Lauft nun mit kleinen Schritten auf der Innenkante der Skates auf die Transition – und schließt dort eine Drehung an, um die Vorwärts-Sturz-Position zu erreichen!

3. Rutscht nach vollbrachter Kombination wieder bis ins Flat! Laßt euch vom Partner korrigieren!

Achtung: Dreht mit Bodenkontakt, springt nicht von der Rampe ab!

Sitz auf Coping – Sturz vorwärts

Diese Übung läuft ab wie die weiter oben beschriebene. Der einzige Unterschied: das Ganze jetzt mit Skates!

Pushen auf Halfpipe und Miniramp

In der Grundstellung fürs Pushen stehen die Skates etwa zwei Handbreit auseinander. Der linke und der rechte Skate sind allerdings leicht in Längsrichtung versetzt: Der hintere berührt mit seiner vorderen Rolle die hintere Rolle des vorderen Schuhs. Knie und Oberkörper sind leicht gebeugt, der Blick ist nach vorn gerichtet, die Arme hängen locker und leicht angewinkelt neben dem Körper. Achtet auf Körperspannung!

Lern-Tips

1. Nehmt mit Blick auf eine Transition in der Mitte der Halfpipe die Push-Grundstellung ein!
2. Laßt euch nun vom Partner mit dosiertem Schwung anschieben, so daß ihr die Transition gerade hochrollt. Dann laßt euch, ohne zu bremsen, einfach zurückrollen bis auf die gegenüberliegende Transition!
3. Verharrt die ganze Zeit in der Grundstellung fürs Pushen! Rollt ihr schließlich in der Mittes des Flats aus, schiebt euch der Partner erneut an.

Laßt euch zu Beginn nur ganz sacht vom Partner anschieben – eben so, daß der Schwung ausreicht, um die erste Transition zu erreichen! Habt ihr schon etwas Gefühl für die Rampe bekommen, kann der Partner auch kräftiger anschieben, so daß ihr irgendwann bis auf circa 3/4 der Rampenhöhe hinaufrollt.

Lern-Tips

Vorwärts-Pushen – Rückwärts-Rollen

Diese Übung ähnelt der vorangegangenen. Der Unterschied besteht darin, daß der Skater beim Vorwärtsfahren nun selbst Schwung holt . Hierzu muß er kurz vor Beginn der Transition leicht in die Knie gehen und die Arme etwas nach hinten nehmen. In der Transition reißt er die Arme dann mit vollem Schwung schräg nach vorn, hoch über den Kopf. In dieser Bewegung streckt sich der gesamte Körper. Sobald der Schwung aufgezehrt ist und der Skater zum Stillstand kommt, geht er dann wieder in Push-Grundstellung und läßt sich zurückrollen. Bei zu wenig Schwung kann der Partner mit einem neuen Schubs nachhelfen.

Lern-Tips

Vorwärts- und Rückwärts-Pushen
Schwung wird nun ohne Partnerhilfe geholt – sowohl beim Vorwärts- wie beim Rückwärts-Pushen. Stellt euch dazu in die Mitte der Halfpipe, und schiebt ganz leicht an – schon rollt ihr vorwärts. Kurz vor Beginn der Transition geht ihr ein wenig in die Knie und nehmt die Arme leicht nach hinten. In der Transition schwingt ihr die Arme dann mit vollem Schwung nach vorne und reißt sie nach oben über den Kopf. Dabei streckt sich der ganze Körper. Sobald ihr danach zurückrollt, laßt ihr die Arme wieder nach hinten schwingen und geht in die Knie. Im Flat angelangt, streckt ihr kurz die Beine durch und geht dann sofort wieder in die Push-Grundstellung. Kurz vor Ende des Flats und dem Anfang der gegenüberliegenden Transition schwingen die Arme von vorn nach hinten, und ihr geht weiter in die Knie. Am Totpunkt – da, wo der Schwung zu Ende ist, – befinden sich die Arme hinter dem Körper, und die Beine werden kurz gestreckt. Rollt ihr anschließend wieder vorwärts, geht ihr erneut leicht in die Knie und schwingt die Arme nach vorn. Streckt im Flat die Beine kurz durch, und geht wieder in Push-Grundstellung! Weiter pushen – immer höher und höher ...

Lern-Tips

Wichtig: Pusht nur beim Vorwärtsfahren aktiv, so könnt ihr euch voll und ganz auf diese eine zu lernende Bewegung konzentrieren! Sobald ihr dabei die Kontrolle zu verlieren droht, laßt ihr euch entweder auf die Schützer fallen, oder geht in die Push-Grundstellung – je nachdem, in welchem Grade ihr euch unsicher fühlt. Ihr könnt ruhig auch einmal eine Push-Bewegung auslassen, um einen sicheren Stand auf den Skates zurückzugewinnen.

Pushen – Stütz auf Coping – Table-Finish

Fahrt vorwärts, pusht dabei voll! Kurz unterhalb des Copings laßt ihr euch leicht nach vorn fallen und greift mit den Händen ans Coping. Verlagert das Körpergewicht auf die Hände, geht in den Stütz, winkelt die Beine an und klettert auf den Table!

Laßt euch nicht zu früh nach vorn fallen, und verliert auf keinen Fall den Kontakt zur Rampe!

Lern-Tips

Am besten schaut beim Üben ein Partner darauf, daß die Grundstellung immer korrekt eingehalten wird und die Pushbewegung im richtigen Moment erfolgt. Die häufigsten Fehler sind fehlerhafte Beinstellung und Push-Einsatz im falschen Moment. Ihr werdet selber merken: Richtig Pushen ist reine Übungssache!

Lern-Tips

Vorwärts hochpushen – 180°-Dreh – vorwärts hinunterpushen

Habt ihr die vorangegangenen Lektionen gut umsetzen können, dann ist kaum etwas einfacher als das: vorwärts anfahren, pushen und am Totpunkt eine 180°-Drehung durchführen. Vorwärts weiterfahren, pushen.

Achtung: Verliert beim 180°-Dreh auf keinen Fall den Bodenkontakt! Springt am besten überhaupt nicht ab, sondern achtet darauf, daß die Skates die Rampe noch ganz leicht berühren!

Oben: Im Prinzip ganz einfach: vorwärts hochpushen – 180°-Bogen – vorwärts hinunterpushen! Vorwärts anfahren und einen großen 180°-Bogen fahren, dabei pushen – erneut vorwärts in die Rampe fahren! Dabei das Pushen nicht vergessen.

Start-Techniken auf Halfpipe und Miniramp

Auf Dauer ist es äußerst ermüdend und langweilig, seine Tricks immer von unten anzufangen und sich langsam nach oben zu pushen. Deswegen gibt es natürlich auch Möglichkeiten, gleich von oben in die Rampe zu fahren. In diesem Kapitel werden zwei Standard-Start-Techniken beschrieben. Der Sit-In sollte nur in Halfpipes oder größeren Miniramps durchgeführt werden. Diese Übung verlangt zwar deutlich mehr Überwindung, ist aber von der Technik her wesentlich leichter.

Start-Technik: Sit-In

Setzt euch oben auf die Rampe, der Po befindet sich direkt hinter dem Coping • die Beine hängen in der Rampe • die Hände liegen neben den Oberschenkeln auf dem Coping, so daß die Fingerspitzen in die Rampe zeigen • nun winkelt ihr die Beine an, lehnt den Oberkörper nach vorn und verlagert das Körpergewicht auf die Hände • jetzt mit den Händen kraftvoll nach vorn abstoßen, die Beine noch stärker anwinkeln und vornüber in die Rampe kippen • die Skates sofort auf die Rampe aufsetzen und in Push-Grundstellung gehen • vorwärts in die Rampe fahren

Drop-In mit beiden Beinen

Mit beiden Skates aufs Coping stellen (dabei verläuft das Coping zwischen den beiden mittleren Rollen) • nun leicht in die Knie gehen, Körper nach vorne kippen, in Push-Grundstellung gehen und vorwärts in die Rampe fahren

Lern-Tips

1. Mit ganzer Kraft nach vorn in die Rampe drücken. Anfänger haben häufig noch zuviel Rücklage!

2. Beim ersten Sit-In werdet ihr mit 99%iger Sicherheit auf dem Hintern landen („Sit-In“...), deswegen besser vorbeugen: Crash-Pad-Hosen anziehen!

Drop-In mit einem Bein und Zusatz-Push

Ein Skate steht auf dem Coping • auch hier verläuft das Coping zwischen den beiden mittleren Rollen • das Bein auf dem Coping steht in der Push-Grundstellung hinten • das andere Bein ist auf dem Table parallel zum Coping positioniert • nun wird das hintere Bein mit Schwung vom Table in die Rampe bewegt • dabei leicht in die Knie gehen und Körper nach vorne kippen • in Push-Grundstellung gehen und vorwärts in die Rampe fahren

Start-Technik: Drop-In

Erst wenn ihr den Sit-In sicher beherrscht, solltet ihr euch an den Drop-In heranwagen. Er stellt die Start-Technik dar, mit der ihr am meisten Schwung für eure Tricks holen könnt.

Lern-Tips

1. Körpergewicht wie beim Sit-In unbedingt weit genug nach vorn bringen!

2. Zwei Partner können oben auf der Rampe Hilfestellung geben. Der Skater kann sich so auf beiden Seiten an einem Partner festhalten, um stabiler zu stehen!

3. Methodische Reihe: Ausgehend vom Sit-In, Startposition immer mehr erhöhen. Konkret: Zuerst wird ein Limokasten, eine Bank oder etwas ähnliches hinter dem Coping auf dem Table aufgebaut. Dann setzt ihr euch darauf und startet in Sit-In-Manier. Der Start-Aufbau wird langsam immer höher, so daß ihr am Schluß schon fast steht. Auf diese Weise könnt ihr euch langsam an den Drop-In herantasten!

Basic-Airs auf Halfpipe und Miniramp

Airs sind Sprünge, die den Skater übers Coping hinaustragen – wonach er, sofern technisch ausreichend sicher, wieder sanft in die Rampe „eintaucht“. Airs lassen sich auch auf der Miniramp vollführen – allerdings sollte es sich dabei dann um ein etwas ausgewachseneres Modell ab etwa zwei Meter Höhe handeln.

Halfpipe: Air mit 180°-Drehung

Vorwärts anfahren, dabei kräftig pushen • über das Coping hinaus beschleunigen • abheben, die Beine sind leicht angewinkelt • im Flug eine 180°-Drehung vollführen • beim „Eintauchen“ in die Rampe Skates kurz unterhalb des Copings aufsetzen • vorwärts in die Rampe fahren

Lern-Tips

1. Drückt euch bei allen Airs beim Abheben auf keinen Fall von der Rampe ab, sondern fahrt sanft hinaus!
2. Winkelt die Beine in der Luft leicht an, und spannt den Körper voll an!

Halfpipe: Air-to-Fakie

Vorwärts anfahren, dabei kräftig pushen • über das Coping hinaus beschleunigen • abheben, die Beine sind leicht angewinkelt • rückwärts in die Rampe „eintauchen" • die Skates dabei kurz unterhalb des Copings aufsetzen • rückwärts in die Rampe fahren

Miniramp: Air-to-Fakie

Vorwärts anfahren • kräftig abspringen • die Beine leicht anwinkeln und übers Coping fliegen • beim Landeanflug die Skates kurz unterhalb des Copings aufsetzen • rückwärts in die Rampe fahren

Miniramp : Air mit 180°-Drehung

Vorwärts anfahren • kräftig abspringen • in der Luft um 180° drehen, die Beine leicht anwinkeln und über das Coping fliegen • beim Landeanflug die Skates kurz unterhalb des Copings aufsetzen • vorwärts in die Rampe fahren

Lern-Tips

1. Bei Airs auf der Miniramp drückt euch, anders als in der Halfpipe, zum Sprung ab! Wie stark ihr nachhelft, hängt von der Bauart der Rampe ab!
2. Bleibt beim Landen nach dem Air auf keinen Fall mit den Skates am Coping hängen – sonst „Hang-Up", wie die Experten sagen, und „Aua", wie auch der Laie sich vorstellen kann ...

Basic Lip-Tricks

**Lip-Tricks, das sind Kunststücke am Coping. Viele dieser Tricks stammen ursprünglich vom Street-Skating, lassen sich aber auch auf Halfpipe und Miniramp anwenden.
Oft sehen Lip-Tricks nicht sonderlich spektakulär aus. Dafür sind sie technisch um so komplizierter und erfordern lange Übung.
Lip-Tricks lassen sich nochmals unterteilen: „Stalls" nennt man jene Tricks, bei denen der Skate auf dem Coping steht. Bei „Grinds" hingegen rutscht der Skate am Coping entlang.
Lip-Tricks übt ihr am besten zuerst an einem Curb oder Rail, dann auf der Miniramp und erst zum Schluß, wenn die Bewegungsabläufe schon „sitzen", in der Halfpipe.**

Frontside-Stall mit 180°-Drehung

Vorwärts bis zum Coping anfahren und mit beiden Skates (mittlere Rollen!) kurz aufs Coping stellen • dann Körperdrehung um 180° • vorwärts in die Rampe fahren

Stall-Tricks

Stall-Tricks also sind jene Techniken, bei denen der Skate auf dem Coping zum Stehen kommt. Deswegen benötigt man hier wesentlich weniger Schwung als etwa bei Airs. Nicht zu schnell und nicht zu langsam – aufs richtige Anlauftempo kommt es an; wie so oft liegt die Lösung in der goldenen Mitte.

Frontside-Stall-to-Fakie

Vorwärts bis zum Coping anfahren und mit beiden Skates (mittlere Rollen!) kurz aufs Coping stellen • rückwärts zurück in die Rampe fahren

Höhenangst hat er nicht, der „King of airs“: Der Start erfolgt aus rund 3,50 Meter Höhe – Drei-Meter-Brett-Perspektive auf die Pipe. (Fahrer: Benny Drescher, Team Oxygen)

50/50-Stall

Vorwärts bis zum Coping anfahren • Körper samt Skates um 90° drehen • dann rechten Skate direkt hinter dem Coping mit den Rollen auf dem Table aufsetzen • der linke Skate wird mit dem Innenschaft seitlich gegen das Coping gedrückt • in dieser Position kurz stehenbleiben • dann Körperdrehung (samt Skates) um 90° • vorwärts in die Rampe fahren

Soul-Stall

Vorwärts bis zum Coping anfahren • Körper samt Skates um 90° drehen • linken Skate mit der Außenseite der Schuhsohle auf dem Coping auflegen • dabei ruht fast das gesamte Körpergewicht auf dem linken Skate • das linke Bein ist leicht angewinkelt, das Knie zeigt Richtung Table • der rechte Skate wird mit der Grind-Plate aufs Coping gelegt • der Oberkörper ist leicht nach vorn gebeugt • in dieser Position kurz verharren • dann Körper samt Skates um 90° drehen • vorwärts in die Rampe fahren

Backside-Stall

Vorwärts bis zum Coping anfahren • Körper samt Skates um 180° drehen • Gewicht Richtung Table verlagern • dann die Skates (mittlere Rollen) wie beim Drop-In aufs Coping setzen • vorwärts in die Rampe fahren

Grinds

Anders als bei den Stalls, benötigt ihr zur Ausführung von Grinds recht viel Schub und eine respektable Geschwindigkeit. Ihr braucht schließlich ausreichend Schwung, um über das Coping rutschen zu können.
Am besten lernt ihr erst den entsprechenden Stall – um dann langsam, aber sicher zur Grind-Version des Tricks überzugehen. Zu Anfang startet ihr also mit deutlich weniger Schwung. Erst wenn ihr ein sicheres Gefühl für den Trick habt, solltet ihr Vollgas geben und die Rampe auf ganzer Länge „durchgrinden".
Um einen tollen Grind hinzuzaubern, fahrt ihr am besten in einem großen Bogen an, um so auf maximale Geschwindigkeit zu kommen. Der Bewegungsablauf ist ansonsten fast der gleiche wie bei den Stalls – nur, und das ist wichtig, muß der Körper beim Grinden wesentlich stärker angespannt sein.

Lern-Tips

1. Versucht zu Anfang das Körpergewicht mehr Richtung Rampe zu verlagern, und geht dann langsam dazu über, euch mehr nach außen auszurichten!

2. Beordert einen Partner auf den Table. Haltet euch bei den Stalls an seinem angewinkelten Arm fest. Verzichtet allmählich auf diese Hilfestellung!

3. Probiert zuerst nur ganz kurz, mit den Skates auf dem Coping zu stehen!

Frontside-Grind mit 180°-Drehung

Im Bogen anfahren – allerdings mit weniger Schwung, als für einen Air erforderlich wäre • auf dem Coping Beine schulterbreit auseinandersetzen • kurzer Rutscher auf den mittleren Rollen der Skates • Gewicht so verlagern, daß der Schwerpunkt über der Rampe bleibt • Blick Richtung Rampe, Knie leicht gebeugt • Kopf und Schulter Richtung Rampe drehen • 180°-Drehung • in die Rampe einfahren

Totale Kontrolle – nötig bereits, um aus dem Anlauf aus der Pipe heraus überhaupt das Coping richtig zu treffen! Dann kommt der Grind. Und dann auch noch der Dreher …

Frontside-Grind-to-Fakie

Im Bogen anfahren – allerdings mit weniger Schwung als für einen Air erforderlich wäre • auf dem Coping Beine schulterbreit auseinandersetzen • kurzer Rutscher auf den mittleren Rollen der Skates • Gewicht in der Rampe lassen • Knie sind leicht gebeugt • beim Grind die Schulterachse frontal zum Coping • Beine leicht anhocken • Lösen vom Coping • rückwärts in die Transition fahren

Soul-Grind

Im Bogen anfahren – allerdings mit weniger Schwung als für einen Air erforderlich wäre • der äußere Fuß wird flach auf der Außenkante aufgesetzt • das Knie drückt nach außen, das Gewicht bleibt auf dem äußeren Bein • vorderen Fuß mittig auf innere Grindplate bzw. mittlere Rollen aufsetzen und Bein fast durchstrecken • der Körper weist in Grind-Richtung und bleibt über dem Coping • Arme dicht am Körper • 180°-Drehung, Abstoß vom hinteren Bein • in die Rampe einfahren

Backside-Grind

Im Bogen anfahren – allerdings mit weniger Schwung als für einen Air erforderlich wäre • 180°-Drehung vor dem Coping • auf dem Coping Beine schulterbreit auseinandersetzen • kurzer Rutscher auf den mittleren Rollen der Skates • Gewicht so verlagern, daß der Schwerpunkt über der Rampe bleibt • Blick zur Rampe • aus dieser Drop-In-Stellung wieder in die Transition fahren

Spins

Eine weitere Übungskategorie beim Ramp-Skating bilden die Spins. Hier wird der Körper um die eigene Achse gedreht. Im Gegensatz zu den normalen Airs beträgt ein „Spin" allerdings mehr als 180°.

360er

Vorwärts anfahren • kurz vor dem Totpunkt zuerst den Kopf, dann auch Schultern und Arme nach links wenden und damit die Drehung einleiten • Körper mit Blick in Drehrichtung 360° um die eigene Achse drehen • die Beine sind dabei leicht angewinkelt • kurz vor Vollendung der Drehung Kopf und Schultern wieder gerade ausrichten • rückwärts in die Rampe fahren

Lern-Tips

1. Benutzt zur eigenen Sicherheit Schienbein-Schützer (Shin-Guards)!

2. Bittet einen Partner auf den Table – er soll euch bei den Grinds begleiten. Haltet euch – zuerst häufiger, später nur noch im Notfall – an seinem angewinkelten Arm fest!

3. Grindet zu Anfang nur Kurzstrecken, dann immer längere!

4. Probiert es aus: Bei Front- und Backside-Grinds könnt ihr durch Druckverlagerung auf Zehen („Front") oder Fersen („Back") den Schwerpunkt mehr aus der Rampe nehmen!

Lern-Tips

1. Übt den 360er und den Cab am besten erst auf halber Höhe der Transition. Anfänger fahren besser in einem großen Bogen an, so daß sie sich nicht gleich um volle 360° drehen müssen.

2. Drückt euch später, wenn ihr den 360er oder Cab am oder über dem Coping vollführt, auf keinen Fall von der Rampe weg! Hier gilt wieder, wie bei den Airs: mit dem Schwung vom Anfahren aus der Rampe übers Coping fahren!

Beim Cab kommt es auf gute Koordination der einzelnen Übungsteile an sowie auf exzellentes Gefühl für Schwung und Geschwindigkeit.

Cab

Wie 360er, nur rückwärts anfahren, kurz vor dem Totpunkt zuerst den Kopf, dann Schultern und Arme nach links wenden und damit die Drehung einleiten • mit Blick in Drehrichtung Körper 360° um die eigene Achse drehen • die Beine sind dabei leicht angewinkelt • kurz vor Vollendung der Drehung Kopf und Schultern wieder gerade ausrichten • vorwärts in die Rampe fahren (Fahrer: Benny Drescher)

Inverts

Inverts nennt man häufig auch „Handplants". In dieser Trick-Klasse brilliert der Skater mit einem ein- oder zweiarmigen Handstand auf dem Coping.

Ho-Ho-Plant-to-Fakie

Vorwärts anfahren • kurz vor dem Coping Körpergewicht abrupt nach vorn verlagern • Coping mit beiden Händen ergreifen, so daß die Fingerspitzen Richtung Table zeigen • Beine anhocken, Körper nach vorn kippen lassen • sobald der Körperschwerpunkt direkt über dem Coping lastet, Beine ausstrecken und somit kurz im Handstand stehen • dann Beine sofort wieder anwinkeln, in der Hüfte abknicken und die Skates unterhalb des Copings aufsetzen • Körper mit den Händen leicht von Coping abdrücken • rückwärts in die Rampe fahren

Ho-Ho-Plant

Vorwärts anfahren • kurz unterhalb des Copings Körper seitlich nach hinten lehnen • Beine leicht anwinkeln und die Skates aus der Rampe schnalzen lassen, wobei beide Hände ans Coping greifen • Fingerspitzen zeigen Richtung Flat • lastet der Schwerpunkt direkt über dem Coping, die Beine ausstrecken • kurz in dieser Handstand-Position verharren, dann Beine wieder anwinkeln, in der Hüfte abknicken • Körper nach vorn kippen lassen • vorwärts in die Rampe fahren

Lern-Tips

1. Übt den Handstand auf ebener Erde – zuerst ohne, dann mit Skates – sowie mit Partnerhilfe, soweit nötig!

2. Übt die Radwende auf ebener Erde – zuerst ohne, dann mit Skates – sowie mit Partnerhilfe, soweit nötig!

3. Vollführt einen Handstand auf dem Table – geht dann mit Partnerhilfe aufs Coping! Vollführt den Drop-In aus dem Handstand – zuerst ohne, später mit Skates!

4. Laßt euch von eurem Partner bei den ersten Versuchen in der Rampe zur Sicherheit unbedingt Hilfestellung auf dem Table geben!

5. Anfänger: Macht es euch leichter, indem ihr den Schwung beim Anfahren so taxiert, daß euch zunächst eher der Handstand nicht perfekt gelingt, als daß er zum Überschlag ausartet! Laßt euren Schwerpunkt also in der Rampe! Feilt erst später, wenn ihr genug Übung habt, an der Brillanz eures Handstands!

Street Extreme

Wer kräftig Street-Basics geübt hat, der kann sich allmählich an den einen oder anderen Profi-Street-Trick heranwagen. Wenn solche Stunts zunächst vielleicht auch aussehen, als brauche man dazu einen Pilotenschein, so sollten allzu Verzagte sich vor Augen halten, daß auch die „Pros" an manchen ihrer Kunststücke viele Jahre lang herumprobiert haben. Als Meister jedenfalls ist auch von denen keiner vom Himmel gefallen. Wenn etwas also nicht gleich zu Anfang klappt, verzweifelt nicht! Und versucht vor allem nicht, den Erfolg etwa übers Knie zu brechen – speziell in solchen Fällen droht Verletzungs-Gefahr!

Was die Sache auch für uns, das Autoren-Team, nicht leicht macht: Für die meisten Profi-Tricks kann man keine optimale Methodik aufstellen. Vielmehr gehört eine ordentliche Portion Mut und einiges an Improvisationstalent dazu, sie so perfekt unter die Rollen zu nehmen.

Deshalb werden wir euch in diesem Kapitel nur die reinen Bewegungs-Beschreibungen und „supergute" Bildreihen dazu präsentieren. Wirklichen Cracks reicht das vielleicht als Anregung, um hinter die ultimativen Stunts der Welt-Spitzen-Skater zu kommen. Und die übrigen motiviert es im besten Falle so, daß sie auf eigene Faust weiterüben – und auf diese Weise eines Tages bei ihren ureigenen Super-Tricks ankommen – Tricks, die es in den Halfpipes dieses Planeten bisher noch überhaupt nicht zu sehen gab!

Es war tatsächlich ernst gemeint, was wir eingangs schrieben: Im jungen Sport Aggressive-Skating ist eigentlich noch alles möglich ...

Welch ein Satz! Chris Edwards vom Team Rollerblade nimmt Anlauf, katapultiert sich in die Luft, segelt locker über den Table des nächsten Obstacles – und landet sicher in der Miniramp!

Fun-Box-Sprünge

Eine Fun-Box kann für die „unmöglichsten" Tricks mißbraucht werden – klar, wie sie zu ihrem Namen kam. Was ihr hier seht, ist Fun pur – wenn man das viele Training mal vergißt und tapfer nicht mehr an all das „Gebaile" und „Geslamme" denkt, das sich im Vorfeld der perfekten Skate-Beherrschung oftmals abspielt …

540er

Mit mittlerer Geschwindigkeit anfahren • mit 540°-Drehung (eineinhalb Umdrehungen um die Körperachse!) nach oben abspringen • Kopf und Schulter nach rechts eindrehen, Füße dabei zur Hocke zu sich heranziehen • Körper ist leicht gebeugt • Arme umschließen die Beine • Beine nach einer Drehung von etwa 360° loslassen und ausstrecken • Arme auseinander • Schultern und Kopf nach rechts • Blick nach unten – und landen

Der 540er – ein Sprung, bei dem man sich eineinhalb Mal um die eigene Achse dreht. Erstens muß man dazu mit viel Schwung anfahren, zweitens ordentlich hochspringen – und drittens sollte man schwindelfrei sein.

Frontflip

Mit ziemlich hoher Geschwindigkeit anfahren • schräg nach oben hechten und sofort zum Salto vorwärts eindrehen • Kopf nach vorn neigen • Beine schnell zur Hocke zu sich heranziehen und mit den Armen umschließen • sobald die Drehung überkopf eingeleitet ist, Arme und Beine ausstrecken und Körper nach vorn beugen • bei der Landung den Körper zum Ausgleich gegen die nach vorn ziehende Drehkraft nach hinten neigen

Wer selbst schon mal auf Skates gestanden hat, der kann ermessen, wieviel Training und Körperbeherrschung hinter diesem Frontflip steht. (Fahrer: Richy Sedlar)

Backflip

Mit hoher Geschwindigkeit anfahren • Beine abdrücken und sich aus Anfahrrampe katapultieren • Kopf und Körper stark nach hinten beugen • Arme seitlich als Fallstütze ausstrecken • Kopf unbedingt nach hinten gebeugt lassen, bis ihr den Table seht • Table mit dem Blick fixieren • Körper und Beine nach unten ziehen • landen • Wichtig: unbedingt auf freie Bahn achten!

Als die Kalifornier die Flugkünste Richy Sedlars erlebt hatten, schien ihnen fraglich, ob solch ein Super-Skater für seine Rückreise überhaupt ein Flugzeug braucht.

Misty-Flip

Mit ziemlich hoher Geschwindigkeit anfahren • 90°-Drehung nach links • Kopf nach rechts kehren, dabei Schulter und Körper mitreißen • Abspringen, seitlichen Salto lancieren • sobald die Füße den Boden verlassen, Schultern und Kopf nach links reißen • mit dem Blick Table oder Landerampe fixieren • Körper und Füße nachziehen • landen • Wichtig: unbedingt auf freie Bahn in Fahrtrichtung achten!

Dabei ist Richy (oben), wie man sieht, eher ein Meister der Kurzstrecke. Einen Misty-Flip, hier im Bild, zieht er einer Atlantik-Überquerung jederzeit vor.

Fakie-Backflip

Mit viel Schwung rückwärts anfahren und dabei den Blick auf die Fun-Box richten • kurz vor der Transition Blick entgegengesetzt zur Fahrtrichtung • Schultern gerade lassen • kurz vor Ende der Transition kräftig abspringen, den Körper strecken und Kopf in den Nacken legen • Beine anwinkeln und damit einen Salto rückwärts einleiten • nach der Drehung landen und rückwärts weiterfahren

Bei allen Sprüngen nutzt man die Transition zum Schwungholen. Der Absprung erfolgt ganz oben – nur so gewinnt man die nötige Höhe.

Bio

Mit hoher Geschwindigkeit vorwärts anfahren • Blick auf die Fun-Box • stark von der Transition abdrücken und zugleich wie eine Schnecke schräg vorwärts einrollen • sobald der Rücken zur Plattform zeigt, die Füße bis über den Kopf hochreißen • halber Salto rückwärts • rückwärts aufkommen und in der Transition landen (Fahrer: Marco Hintze, Team Razors)

Auch der Bio erfordert einiges artistisches Talent – zumindest ein halber Salto rückwärts steht auf dem Programm.

Grinds

Auch für die edle Kunst des Grindings gilt: „You ain't seen nothing yet", bevor die echten Profis auf die Rampe gehen. Was da in wahrem Höllentempo und einem Maximum an Koordination über die Bühne geht, ist – wiederum – Produkt vieler Jahre ausgiebigen Trainings. So versucht bitte nicht, gleich alles nachzumachen, was ihr in den folgenden Bildreihen exklusiv miterleben könnt. Es könnte euch den Spaß am Skating gründlich verderben, einen dieser wirklich spektakulären Tricks nur ein einziges Mal zu versuchen – und euch dann im Krankenhaus darüber klar zu werden, daß das Risiko im Grunde doch nicht so ganz überschaubar war ...

Over-Soul (Rail links)

Mit mittlerer Geschwindigkeit anfahren • schräg nach links so aufs Rail aufspringen, daß ihr mit dem hinteren Fuß im Soul-Stand und dem vorderen in einem 45°-Winkel zwischen der zweiten und dritten Rolle auf der Schienen-Innenseite steht • ein bis zwei Fußlängen Abstand zwischen den Skates lassen • Beine leicht anwinkeln und auch den Körper beugen • Kopf nach links in Grind-Richtung • Absprung: Rail schräg nach rechts verlassen (Fahrer: Einheimischer aus Encinitas, Kalifornien)

Acid-Soul (Rail rechts)

Mit mittlerer Geschwindigkeit anfahren • hinterer Fuß im Soul-Stand, vorderer Fuß, Fußspitze nach links, zwischen der zweiten und dritten Rolle in 45°-Winkel auf der Schienen-Innenseite aufsetzen • Beine leicht angewinkelt, Körper etwas nach vorne gebeugt • Kopf in Grind-Richtung • Absprung: Rail schräg nach links verlassen (Fahrer: Einheimischer aus Encinitas)

Miso (Rail links)

Mit mittlerer Geschwindigkeit anfahren • vorderer Fuß im Soul-Stand, hinterer Fuß leicht schräg, Fußspitze nach links, zwischen der zweiten und dritten Rolle in 45°-Winkel auf der Schienen-Innenseite aufsetzen • Beine leicht gebeugt, Körper in aufrechter Position, Kopf in Grindrichtung • beim Absprung: Rail schräg nach rechts verlassen (Fahrer: Richy Sedlar)

Unity (Rail rechts)

Mit mittlerer Geschwindigkeit anfahren • mit 90°-Drehung nach rechts aufs Rail springen • Beine in X-Stellung überkreuzen• Skates zwischen der zweiten und dritten Rolle auf den Schienenaußenseiten aufsetzen • die Beine sind leicht angewinkelt • der Körper ist etwas nach vorne gebeugt • Kopf in Grind-Richtung • Absprung mit 90°-Drehung schräg nach links (Fahrer: Richy Sedlar)

Backside-Unity (Rail links)

Mit mittlerer Geschwindigkeit anfahren • mit 90°-Drehung rechtsum schräg nach links aufs Rail springen • dabei die Beine in X-Stellung überkreuzen, indem man das vordere Bein hinters hintere Bein stellt • Skates zwischen der zweiten und dritten Rolle auf die Schienen-Außenseiten setzen • Beine leicht anwinkeln, Oberkörper nach vorn beugen • Kopf ist in Grind-Richtung gedreht • Absprung: mit 90°-Drehung schräg nach rechts (Fahrer: Einheimischer aus Los Angeles)

Royal-Shifty (Rail rechts)

Mit mittlerer Geschwindigkeit anfahren • mit 90°-Drehung nach rechts aufspringen, so daß man mit dem hinteren Fuß zwischen der zweiten und dritten Rolle auf der Schienen-Außenseite aufsetzt – Fußgelenk nach innen abknicken • vorderen Fuß zwischen der zweiten und dritten Rolle auf Schienen-Innenseite aufsetzen – Fußgelenk nach außen abknicken • Beine sind leicht angewinkelt • Gesäß zeigt in Grind-Richtung, Schultern und Kopf weisen in die entgegengesetzte Richtung • Absprung: Gesäß nach hinten, Schultern und Kopf in Grind-Richtung drehen, dann mit 90°-Drehung nach links abspringen (Fahrer: Richy Sedlar)

Fishbrain

Mit mittlerer Geschwindigkeit anfahren • mit hinterem Fuß im Over-Soul-Stand aufspringen (entspricht Soul-Stand, nur liegt das Bein hierbei fast waagerecht auf, man sitzt fast schon drauf) • den vorderen Fuß nach vorn ausstrecken, Fußgelenk zum Körper hin anziehen • mit der Hand der gleichen Körperseite (rechter Fuß mit rechter Hand ...) untere Fußaußenseite festhalten • Körper leicht nach vorn neigen • Kopf ist in Grind-Richtung gedreht • Absprung: vorderen Fuß loslassen und nach rechts wegspringen (Fahrer: Chris Hines, Team Ultra Wheels)

Boardwalk

Mit mittlerer Geschwindigkeit anfahren • vorderes Bein im Soul-Stand, das Knie leicht gebeugt und rechtwinklig nach außen gestellt • das zweite Bein ist nach hinten abgewinkelt, Fußgelenk hängt übers Rail, so daß die Fußspitze nach rechts unten zeigt – das Knie dabei ohne Spannung • Rumpf gestreckt, in aufrechter Position • Kopf in Grind-Richtung • Absprung seitlich nach links (Fahrer: Scotty Nelson, Team Hyper)

Makio (Rail rechts)

Mit mittlerer Geschwindigkeit anfahren • hinterer Fuß im Soul-Stand – so aufs Rail aufspringen • vorderes Bein nach vorn ausstrecken und zum Körper anziehen • mit der auf der gleichen Körperseite verfügbaren Hand (rechte Hand zu rechtem Fuß) die untere Fußaußenseite festhalten • Körper ist dabei leicht nach vorn geneigt, der Kopf in Grind-Richtung gedreht • Absprung: vorderes Bein loslassen und schräg nach links abspringen (Fahrer: Einheimischer aus Encinitas)

Pornstar

Mit mittlerer Geschwindigkeit anfahren •180°-Drehung, Sprung auf das Rail, vorderer Fuß im Soul-Stand • das Knie ist rechtwinklig abgeknickt • zweites Bein nach hinten aufs Rail in Grind-Richtung • Fuß mit Fußspitze nach rechts, auf der Schienenaußenseite zwischen der 2. und 3. Rolle (Fuß rechtwinklig zum Rail) aufsetzen • Körper ist in aufrechter Position • Kopf und Schulter gedreht • Blick nach hinten in Grind-Richtung • Absprung seitlich nach rechts (Fahrer: Anthony Hercules, Einheimischer aus Santa Monica)

Training Wheel

Mit mittlerer Geschwindigkeit anfahren • hinterer Fuß im Soul-Stand – so aufspringen • vorderen Fuß schräg nach unten ausstrecken, so daß die hintere Rolle des Skates auf dem Curb rollt • Körper leicht nach vorn beugen • Blick in Grind-Richtung • Absprung seitlich nach links • (Fahrer: Tory Rexe, Team Razors)

Soyal

Mit mittlerer Geschwindigkeit anfahren • 180°-Drehung – so aufs Rail aufspringen, daß der hintere Fuß im Soul-Stand aufkommt, die Ferse dabei leicht angehoben • vorderen Fuß zwischen zweiter und dritter Rolle auf Schienen-Außenseite im 90°-Winkel zum Rail positionieren • Fußgelenk ist nach innen abgeknickt • Körper leicht nach vorn beugen, Schultern und Kopf sind nach rechts gedreht • Blick in Grind-Richtung • Absprung schräg nach links rückwärts (Fahrer: Scotty Nelson, Team Hyper)

Fahrvergnügen

Mit mittlerer Geschwindigkeit anfahren • 90°-Drehung – nach links aufs Rail so aufspringen, daß vorderer Fuß zwischen zweiter und dritter Rolle auf der Schienenaußenseite aufsetzt • Fußgelenk nach innen abknicken • hinteren Fuß zwischen zweiter und dritter Rolle auf Schienen-Innenseite aufsetzen • Fußgelenk nach außen abknicken • Beine leicht anwinkeln, der Körper ist (bei Bedarf recht deutlich) nach links gebeugt • Kopf nach rechts drehen, Blick geht in Grind-Richtung • Absprung mit 90°-Drehung nach rechts (Fahrer: Einheimischer aus Encinitas)

Wheel-Barrow

Mit mittlerer Geschwindigkeit anfahren • aufs Rail springen, rechter Fuß in Shifty-Stellung • linker Skate wird mit der hinteren Rolle aufgesetzt, so daß die Fußspitze in Grind-Richtung zeigt • in dieser Position grinden • Absprung: mit rechtem Fuß abdrücken und nach halber Drehung landen (Fahrer: Richy Sedlar)

Vert-Extreme

Will man sich in die Profi-Techniken des Vert-Skatings vertiefen, so steht man vor demselben Problem wie Skater, die sich für Street-Tricks interessieren: Allgemeinverbindliche Anweisungen für solche Techniken lassen sich nicht formulieren, dazu sind sie zu individuell.

Viele Fahrer feilen ja mehrere Jahre an einem einzigen ganz speziellen Trick, der dann für sie zum Markenzeichen wird! So beschränkt sich dieses Buch denn auch auf Bewegungsbeschreibungen der Techniken und phantastische Action-Bilder etlicher Welt-Stars der Aggressive-Szene.

Lip-Tricks

Um Lip-Tricks ging es in diesem Buch ja bereits weiter vorn einmal. Wenn normale Sterbliche die Kunststücke am Coping schon mit großen staunenden Augen verfolgen, bleiben die Profis ganz cool: Für sie ist das fast ein Kinderspiel. In diesem Kapitel aber sehen wir nun, wo sie sich selbst die Leistungsziele setzen!

Makio

Anfahren • Körperhaltung und Position des hinteren Fußes ist identisch mit der Soul-Grind-Haltung • der vordere Schuh wird jedoch nicht aufs Coping gesetzt, sondern mit der rechten Hand gehalten (Grab) • in dieser Position grinden • anschließend Körper samt Skates um 90° drehen und vorwärts in die Rampe fahren

Benny Drescher (oben und rechte Seite), besonders stark bei den Sprüngen, zeigt hier den Makio, während Mike Scott vom Team Hangers (ganz oben) einen perfekten Shifty-Grind-to-Shuffle aufs Coping graviert.

Shifty-Grind-to-Shuffle

Vorwärts anfahren • Skates schräg aufs Coping legen, so daß die Schale des linken Fußes auf dem Coping aufsetzt und der rechte Skate leicht schräg aufliegt • Korkenzieher-Position: Knie nach vorn verdreht, Oberkörper in aufrechter Haltung (eventuell leicht gebeugt) zeigt in Fahrtrichtung • in dieser Position grinden • beim Hineinfahren in die Rampe Skates jedoch nicht um 180°, sondern nur um 90° drehen und dabei parallel zum Coping halten • nun die Skates mit der Außen - bzw. Innenseite und seitlich auf den Rollen kurz in der Rampe aufsetzen – der äußere Schuh wird tiefer gehalten als der innere • dann Skates seitlich die Rampe hinunterrutschen lassen • die Skates nun um 90° drehen und vorwärts in die Rampe fahren

Misu-to-Soul-Grind

Linker Fuß wird wie bei einem Soul auf dem Coping aufgesetzt • der rechte Skate muß jedoch mit dem inneren Grind-Plate hinter den linken Fuß gesetzt werden • Oberkörper zeigt ganz leicht in Fahrtrichtung • in dieser Position grinden • dann vorwärts in die Rampe fahren

Wheel-Barrow

Vorwärts hochfahren • linken Fuß in Shifty-Stellung bringen • rechten Skate mit der hinteren Rolle auf dem Table aufsetzen, so daß die Fußspitze in Grind-Richtung zeigt • in dieser Position grinden, dabei Oberkörper leicht beugen • dann vorwärts in die Rampe fahren

Over-Soul

Vorwärts anfahren • rechten Fuß wie bei einem Street-Backside-Grind auf dem Coping aufsetzen • linken Skate mit der Außenseite des Frames und der Sohle auf dem Coping auflegen • Oberkörper ist dabei leicht in Richtung Flat gebeugt • in dieser Position grinden und vorwärts in die Rampe fahren (Fahrer: Mike Giacinti, Team Rollerblade)

Over-Acid

Vorwärts anfahren • linken Fuß wie beim Over-Soul positionieren, der rechte Skate wird wie bei einem Acid aufgelegt • Oberkörper ist in Grind-Richtung leicht nach vorn gebeugt • in dieser Position grinden und vorwärts in die Rampe fahren (Fahrer: Benny Drescher)

Unity

Vorwärts anfahren • Beine überkreuzen und in dieser „X"-Stellung der Beine jeweils die Außenkanten der Frames beider Skates auf dem Coping auflegen, hierbei stark in die Knie gehen • in dieser Position grinden • dann um 180° drehen und vorwärts in die Rampe fahren

Back-Slide

Ein Shifty-Grind mit nur einem Skate • der andere Skate wird mit der anderen Hand gegriffen (Fahrer: Mike Scott)

Inverts

Wenn sie schon zaubern können wie Meister Merlin persönlich, wen wundert's, daß die Cracks des internationalen Aggressive-Skating auch springen, als gäbe es dafür schon olympische Medaillen. Ihr wollt es trotzdem noch ein wenig genauer wissen – bitte sehr!

One-Foot-Invert

Vorwärts anfahren • Oberkörper leicht nach links vorn beugen und Skates übers Coping fahren lassen • sofort mit der linken Hand das Coping greifen und anschließend mit der rechten Hand den linken Skate packen • beide Füße werden nun zum Hinterteil gezogen • in dieser Stellung kurz verharren • dann den Körper in die Rampe kippen lassen • vorwärts wieder in die Rampe fahren (Fahrer: Benny Drescher)

Sad-Plant-to-Fakie

Vorwärts anfahren • Oberkörper leicht nach links vorn beugen und Skates übers Coping fahren lassen • sofort mit der linken Hand ans Coping greifen und anschließend mit der rechten Hand den linken Schuh packen • das linke Bein anwinkeln, wobei das rechte Bein gestreckt bleibt • in dieser Stellung kurz verharren • dann den Körper kopfüber in die Rampe kippen, wobei zugleich eine180°-Drehung erfolgt • rückwärts in die Rampe fahren (Fahrer: Toto Ghali)

Airs

Kleine, exklusive Ein-Mann-„Airways" konnten wir da teilweise in Kalifornien beobachten! Unglaublich, was das Non-Stop-Fun-and-Skill-Training in Skate-Parks an Resultaten bringt. Und nicht umsonst bezeichnet man die echten Profis auf den schnellen Rollen so – nämlich „Professionals": Für sehr viel mehr außer dem steten Rollen, Grinden, Springen bleibt in ihrem Leben kaum Zeit. – Könnte man sich andererseits ein schöneres vorstellen?

Stale-Fish

Vorwärts übers Coping hinaustreiben lassen und den Körper im Flug um 90° drehen • das linke Bein so anwinkeln, daß der linke Skate sich neben dem Knie des rechten Beins befindet • dann mit der rechten Hand unter dem rechten Bein hindurch den Frame des linken Skates greifen • diese Position kurz beibehalten, Körper um 90° drehen • anschließend vorwärts in die Rampe fahren

Method-Air

Vorwärts übers Coping hinaustreiben lassen und den Körper im Flug um 180° drehen • dann beide Beine anwinkeln und linken Skate mit der rechten Hand am Spann greifen • der rechte Arm umschließt zusätzlich den linken Fuß • jetzt den ergriffenen Skate per Hand mit voller Kraft Richtung Hinterteil ziehen und dabei ein Hohlkreuz bilden • diese Position so lange wie möglich beibehalten • dann Grab lösen • vorwärts in die Rampe fahren

Rocket-Air

Vorwärts übers Coping hinaustreiben lassen • Beine durchstrecken und mit der rechten Hand den linken Skate seitlich greifen • die Beine zeigen in Richtung Table • nun den Oberkörper um 90° nach links in die Rampe drehen, dabei die durchgestreckten Beine aber immer noch in gleicher Position halten • in dieser Stellung so lange wie möglich verharren • die Hand vom linken Skate nehmen, Beine um 180°, Körper um 90° drehen • vorwärts in die Rampe fahren

Nosebone

Vorwärts gerade übers Coping hinaustreiben lassen • rechtes Bein anwinkeln und ab dem Knie senkrecht nach unten zeigen lassen • linkes Bein ganz durchstrecken • rechte Hand greift rechten Skate am Spann • diese Position möglichst lange beibehalten • Körper anschließend um 180° drehen • vorwärts in die Rampe fahren

Cross-Rocket

Wie Rocket Air, allerdings kreuzt man dabei die Beine

Wer Airs perfekt beherrschen möchte, braucht dazu Mut und Geschicklichkeit. Wem diese Bilder allzu viel Respekt einflößen, der übt erst mal auf der Miniramp oder einer kleinen Halfpipe.

Lien-Air

Vorwärts übers Coping hinaustreiben lassen und linken Fuß zum Körper ziehen • diesen Fuß mit der linken Hand ergreifen • rechtes Bein hängt locker nach unten • in dieser Position möglichst lange verharren • dann die Beine wieder in normale Stellung bringen • vorwärts in die Rampe fahren

Cross-Inside-Air

Vorwärts übers Coping hinaustreiben lassen, Körper nicht drehen • beide Beine nach hinten abwinkeln und mit der linken Hand den rechten Skate greifen • Beine dabei überkreuzen • den rechten Skate mit aller Kraft in Richtung Hinterteil ziehen • dann Oberkörper und Kopf seitlich nach hinten lehnen und den Blick in die Pipe richten • diese Position möglichst lange beibehalten • Grab schließlich lösen, Körper um 180° drehen • vorwärts in die Rampe fahren (Fahrer: Matt Salerno, Team Rollerblade)

Liu Kang

Vorwärts übers Coping hinaustreiben lassen, den Körper im Flug um 90° drehen und das linke Bein voll durchstrecken • rechtes Bein anwinkeln und mit der rechten Hand den rechten Skate seitlich greifen • diese Position möglichst lange halten • Grab lösen • 90°-Drehung • vorwärts in die Pipe fahren

Rocket-to-Method-to-Fakie

Rocket-Air ohne 180°-Drehung • die rechte Hand ergreift den linken Skate • beide Beine kräftig nach hinten ziehen • kurz vor der Landung bringt man die Skates wieder in Normalposition und fährt rückwärts in die Rampe.

Stale-Fish-to-Rocket

Hier kombiniert man einen Stale-Fish-Air und einen Rocket-Air miteinander.

So erfindet der hochklassige Aggressive-Sportler neue Übungen: Er kombiniert Bekanntes, verknüpft einzelne spektakuläre Stunts zu einem ganzen Run – und schon ist etwas völlig Neues, bislang noch nicht Gesehenes entstanden! (Fahrer: Benny Drescher)

Spins

Alles Schwindel oder was?! Oder ist euch nur schwindelig geworden angesichts der Inline-Akrobatik unserer Stars? Wenn nicht, dann gäbe es Gelegenheit, sich noch von der Spin-Kapazität unserer Autoren und ihrer kalifornischen Freunde zu überzeugen …

Rocket-Late 360°

Erst Bewegungsablauf wie beim Rocket-Air • im Totpunkt der Flugphase mit der rechten Hand 360°-Drehung einleiten (Schwung für die Drehung holen) • dabei dreht sich zuerst der Oberkörper – Hüfte und Beine werden nachgezogen • nach Abschluß der 360°-Drehung rückwärts in die Rampe fahren
(Fahrer: Benny Drescher)

Könnte man bei Spins auch noch Kondensstreifen produzieren, sie hätten viel Ähnlichkeit mit den Windungen eines Korkenziehers ...

Stale-Fish 360°

Vorwärts übers Coping hinaustreiben lassen und mit der rechten Hand Schwung für die Drehung holen • das rechte Bein locker hängenlassen und das linke leicht anwinkeln, so daß sich der linke Skate neben dem rechten Knie befindet • die rechte Hand greift nun den linken Skate am Frame • in dieser Haltung circa 270° drehen, kurz vor der Landung Skate loslassen und Drehung vollenden • rückwärts in die Rampe fahren (Fahrer: Benny Drescher)

Warum nur heißt dieser Sprung nur „fader Fisch“?

Fakie-540-Liu Kang

Rückwärts anfahren • in der Transition Schultern leicht schräg halten und den Blick nach hinten richten • mit der rechten Hand Schwung für die Drehung holen • nach circa 90°-Drehung wird das rechte Bein angewinkelt, das linke gestreckt • die rechte Hand ergreift den linken Skate • während der gesamten Drehung Kopf in Dreh-Richtung neigen • Skate nach etwa 360° loslassen • Drehung nach 540° beenden, indem man den Kopf auf Landepunkt richtet • vorwärts in die Rampe fahren (Fahrer: Benny Drescher)

„Überflieger“
beim Liu Kang.

Flips

Fehlt nur noch ein Trampolin – doch braucht man das eigentlich schon nicht mehr, wenn man sich nur auf seine Skates verlassen kann und darauf, daß die Halfpipe bei der Landung noch dort steht, wo sie sich beim Start befand …

Rocket-Backflip

Vorwärts anfahren • am Coping Körper strecken und um die eigene Achse drehen – Drehung wird durch Anwinkeln der Beine eingeleitet • mit der linken Hand an die Außenseite des rechten Skates greifen und Füße voll durchstrecken • Augen fixieren das Coping • Skates loslassen, Drehung vollenden und landen • rückwärts in die Rampe fahren

Gegen Sonnenuntergang ist Schwerelosigkeit am schönsten: die beste Zeit also für eine Serie Rocket-Backflips ... (Fahrer: Richy Sedlar)

Frontflip

Rückwärts anfahren • kurz vor dem Vert das Kinn an die Brust nehmen, Oberkörper nach vorn abknicken und die Beine rückwärts nach oben schwingen lassen • Beine in der Hüfte abwinkeln – Salto vorwärts • kurz vor Ende der Drehung Körper durchstrecken und beide Beine zur Landung auf der Rampe aufsetzen • vorwärts in die Rampe fahren

Inside Frontflip

Vorwärts bis zum Coping fahren • Körper voll abdrücken, gleichzeitig Körpergewicht nach vorn bringen und Kopf nach unten drücken • Salto vorwärts, danach landen • rückwärts in die Rampe fahren

Inside Frontflip: Dem Zuschauer darf dabei schwindlig werden, nicht aber dem Skater. (Fahrer: Richy Sedlar)

McTwist

Vorwärts anfahren • kurz nach der Transition Oberkörper leicht nach links unten drehen • dann die Beine nach oben übers Coping schwingen lassen • den Kopf mit dem Oberkörper nach unten bewegen und einen Salto mit halber Schraube durchführen • vorwärts landen

Beim kalifornischen McTwist hat der Skater kaum Zeit, die tolle Aussicht zu genießen. (Fahrer: Richy Sedlar)

Half-Cap Backflip

Rückwärts anfahren • Oberkörper um 180° drehen, Skates bleiben gerade noch an der Rampe • dann Kopf nach hinten, Beine um 180° drehen und anwinkeln (dadurch wird die Rotation für den Backflip eingeleitet) • rückwärts landen und in die Rampe fahren

Salto rückwärts mit Vierteldrehung – das übt man am sichersten erst mal im Freibad auf dem Sprungbrett.

Aggressive-Glossar

Viele Fachbegriffe im In-Line-Skating stammen aus Amerikas Skater-Szene. Zum besseren Verständnis werden die wichtigsten Begriffe an dieser Stelle noch einmal zusammengefaßt und erklärt.

A

ABEC → Qualitätsstandard bei Kugellagern
Acid-Grind → Grind-Trick für Street und Vert
Aggressive → Variante des In-Line-Skatings mit den Disziplinen Street und Vert
Alley-Oop → Manöver, bei dem man den Körper in die eine Richtung dreht, zugleich aber genau in Gegenrichtung fliegt, fährt oder grindet
Air → Sprung in Verbindung mit einer Flug-Figur
Anti-Rockering → Siehe auch: Negativ-Rockering
ASA → American Skate Association

B

Backflip → Salto rückwärts
Backside → Manöver, bei denen der Rücken des Skaters zum befahrenen Gegenstand zeigt
Back-Slide → Manöver an Coping oder Curb
Balls → Kugeln im Lager
Bail → kontrollierter Sturz
Bearing → Kugellager
Betty → Mädchen, die Skatespots aufsuchen, um Skater „auszuchecken" – sind stark auf Skate-Mode fixiert
Black-Ice → glatte, frisch asphaltierte Straße
Blur → verdammt schneller Skater
Buckle → Schnalle am In-Line-Skate-Schuh
Bunny → Anfänger, der sich überall festklammert

C

Coating → oberster Überzug einer Rolle
Contest → Skate-Wettbewerb
Coping → oberer Rand (Metallrohr) einer Halfpipe
Core → Kern der Rolle
Cross → jede Figur, jeder Sprung mit überkreuzten Beinen
Cross-Over → Manöver, bei dem zwei oder mehr Skater in der Luft übereinanderfliegen, deren Flugbahnen sich kreuzen
Curbs → Steinkanten, auf denen man grinden kann

D

Downhill → Bergabrennen
Durometer → Härtegrad der Rolle mit der Bezeichnung „A"
Duck-Walk → Freestyle-Trick: vorderer Fuß gleitet auf der hinteren Rolle, hinterer Schuh auf der vorderen Rolle
DRIVe → Deutscher Rollsport- und Inline-Verband

E

Einloggen → Curb, Rail oder Coping sicher mit dem Groove treffen
Elbow Pads → Ellbogenschützer
Extreme Games → Weltspiele für Extrem-Sportarten in den USA
Excenter-Spacer → Abstandshalter zwischen Schiene und Rolle

F

Fat → Ausruf der Bewunderung für einen Skater, der einen Mega-Trick vorführt
Fakie → bei einer Figur rückwärts fahren oder landen, wobei der Körper nicht um die eigene Achse gedreht wird
Fiveforty → 540°- Drehsprung um die eigene Achse
Flat → die untere flache Ebene der Halfpipe zwischen den Transitions
Flat-Rockering → alle Rollen des Skates befinden sich auf einer Ebene
Flat-Top → Rolle mit flacher Lauffläche für Aggressive-Skater
Flip → Salto
Frame → Laufrollengestell oder -Schiene
Frame-Spacer → Abstandshalter direkt an der Schiene
Frontflip → Salto vorwärts
Front-Roll → Freestyle-Trick: beide Schuhe gleiten nur auf der vordersten Rolle
Frontside → alle Manöver, bei denen der Oberkörper zum befahrenden Gegenstand zeigt

G

Gap → Lücke zum Überspringen zwischen zwei Kanten
Grab → Anfassen der Schuhe, Stylen einer Figur während eines Airs
Grind/Grinding → Rutschen auf dem Mittelstück der Schiene oder auf der Sohlenkante, auch generelle Bezeichnung fürs Rutschen
Grind-Bar → Metallstange, auf der man grinden kann
Grindplates → Schutzplatten für die Schuhschiene zum Grinding
Grind-Stones → sehr harte Kunststoff-Rollen für die beiden mittleren Rollenplätze am Skate, zum Grinden vorgesehen
Grind-Wheels → kleine, harte Rollen für die beiden mittleren Rollenplätze am Skate, zum Grinden vorgesehen
Grip → Haftung
Groove → Einkerbung in Schuh oder Grindplate

H

Halfpipe → „Halbierte Röhre", Rampe mit vertikalem Stück
Handrail → Treppengeländer, auf dem man grinden kann
Hardware → Kugellager, Achsen, Muttern, Spacer, Frame-, Rockering- oder Excenter Spacer, Grind Plates
Heel-Stop → Bremsmanöver unter Einsatz der Bremse am Ende der Schiene
Heel-Tightener → spezielles Klettband zur Fersen-Stabilisierung
Hip-Pad → Polster für die Hüften
Ho-Ho-Plant → beidarmiger Handstand am Coping einer Rampe

I

IISA → International Inline Skating Association/USA
Innatural → Tricks – anderes Wort für „Switch"
Invert → Handstand am Coping einer Rampe
Invert-to-Fakie → Handstand, nach dem man rückwärts wieder auf die Rollen kommt

J

Jump Ramp → Sprungschanze
Judges → Punktrichter beim Skate-Wettbewerb

K

Kink-Rails → Schienen/Rails mit Biegungen und Knicken
Knee-Pads → Knieschützer
Kneeslide → Falltechnik

L

Lace → Schnürsenkel
Lausanne → Austragungsort des international wohl renommiertesten und größten In-Line-Wettbewerbs
Late Spin → Drehung, die verzögert eingeleitet wird
Lien-Air → Trick in der Halfpipe
Lip-Trick → Trick am Coping
Low Profile → niedriges Schienen-Profil

M

McTwist → 540 Grad-Drehung über Kopf, Salto mit Schraube
Miniramp → wie Halfpipe, jedoch niedriger, auch kürzer
Misty-Flip → 360°- (auch 540°–720°-) Drehung über den Kopf
Mounting → Montieren der In-Line-Skates
Mute → spezielle Technik, während eines Tricks an den Skate zu greifen

N

Negativ-Rockering → beide mittleren Rollen am Skate sind hochgesetzt
New School → ganz neue Tricks, die noch kaum jemand beherrscht und die nur auf den allerneuesten Videos zu sehen sind
Nine-hundred → zweieinhalbfache Drehung um die eigene Achse
Nose-Pick → Antippen mit den Zehenspitzen

O

Obstacles → Hindernisse
Old School → Tricks, die es schon sehr lange gibt
One-Foot-Air → Trick in der Halfpipe
Over-Soul → Grind-Trick

P

Pads → Schutzausrüstung
Polyurethan → Material für gute Schuhe und Rollen
Positiv-Rockering → beide mittleren Rollen am Skate sind tiefergestellt
Power-Slide → aggressives Bremsmanöver
Pre-grooved → vom Hersteller mit Groove geliefert
Pro → Profi-Skater
Protective Gear → Schutzausrüstung
Power-Strap → Klettband zur Fixierung des Sprungelenks

Q

Quarterpipe → Hälfte einer Halfpipe
Quads → konventionelle Rollschuhe

R

Rail → Rohr, Treppengeländer, auf dem man grinden kann
Ramp → Rampe, Schanze
Ramp-Riding → Rampenfahren
Recap → Kunststoffplatte auf den Schützern
Revert → bei einem Trick rückwärts landen oder fahren, wobei der Körper vorher um mindestens 180° gedreht wurde
Rocket-Air → Flug-Element in der Halfpipe, beide Füße nach vorne gestreckt; Griff mit einer Hand an die Füße
Rockering → Hoch- oder Tiefstellen der Rollen bzw. Verstellbarkeit der Rollen-Höhe
Rockering-Spacer → Spacer an der Schiene, mit dem die Rollen hoch- oder tiefgestellt werden können. Siehe auch: Excenter-Spacer
Road-Rash → Schürfwunden durch Stürze auf die blanke Haut
Rolling → Rolleigenschaften
Run → Kürlauf bei einem Skate-Wettbewerb, Dauer: meist 45–60 Sekunden

S

Shifty-Grind → Grind, bei dem die Skates schräg auf Coping, Curbs oder Rail aufgelegt werden
Shifty → Kurzform für Shifty-Grind
Shin-Guard → Kunstoff-Schiene zum Schutz für das Schienbein
Seven-twenty → zweifache Drehung um die eigene Achse
Sliding → Rutschen
Slam → harter, unkontrollierter Sturz
Soul-Grind → auf einem Geländer oder einer Straßenkante rutschen, der vordere Fuß gleitet mittig auf der Schiene, der hintere auf der Schuh-Außenkante
Spacer → Distanz-Stück“, Zwischenbuchse am Skate, entweder zwischen den Kugellagern oder zwischen Schiene und Rollen
Spin → Drehung um die eigene Achse
Stair-Riding → Treppen hinunterfahren
Stale-Grab → spezielle Technik, bei einem Air an die Skates zu greifen
Sticker → Aufkleber
Street → Disziplin im Aggressive-In-Line-Skating
Stupid → unglaublicher Trick, „der helle Wahnsinn“
Stunt → andere Bezeichnung fürs Aggressive-Skating
Switch → entgegen der gewohnten Drehrichtung drehen

T

T-Stop → Bremsmanöver durch Querstellen eines Schuhs
The Edge → Skatepark in Los Angeles, USA
Traction → Griffigkeit der Rollen oder Transfer-Sprung über mehrere verschiedene Hindernisse
Transition → Übergang vom Flat zum Vert einer Halfpipe bzw. Übergang zum Coping bei Miniramp, Quarterpipe
Three-sixty → eine ganze Drehung um die eigene Achse
Top-Side-Air → Blick ist nach oben und nicht in die Pipe gerichtet
Tweak → totale Verdrehung des Körpers in der Luft

V

Vert → (vertikal) der senkrechte Teil einer Halfpipe; auch: anderer Name für Halfpipe
Variation → Aneinanderreihung mehrerer unterschiedlicher Tricks
Venice → Skater-Mekka in Los Angeles, USA

W

Wall-Riding → gegen die Wand springen und mit einem Fuß an der Wand entlang skaten
Wheel → In-Line-Skating-Rolle
Wrist-Guards → Handgelenksschutz

X

X-Games → siehe: Extreme Games

Y

YMCA → Skatepark in Encinitas, San Diego, USA

Skate-Hallen und -Parks

Skate & Roller
Am Festplatz 4
63674 Altenstadt-Lindenheim
Tel.: 06047/68597

Roll-O-Drom
Langemarckstr. 1a
86156 Augsburg
Tel.: 0821/442122

Skater Park 2000
Am Krähenhorst 1
53119 Bonn
Tel.: 0228/662044

Skatehalle im Kikyo-Center
Stiegstr./Christenfeld
41379 Brüggen/Bracht
Tel.: 02157/87870

Tempodrom
Ernst-Hilker-Str. 2
32758 Detmold
Tel.: 05231/33663

U.S. Play
Im Elbe Park/Lemmatzscher Str. 98
01139 Dresden
Tel.: 0351/8511666

Skate Academy
Ratherstr 49
40476 Düsseldorf
Tel.: 0211/4493110

Inline Dome
Friedrich-Liszt-Str. 2/1
70736 Fellbach
Tel.: 0711/583077

Citypark
Neulindenstr. 1
79106 Freiburg
Tel.: 0761/52096

i-Punkt Skateland
Amsinckstr. 70
20097 Hamburg
Tel.: 040/234458

Engelbert Skate Halle by T-Nuts
Engelbertstr.
45525 Hattingen
Tel.: 0234/9160620 /22

ass Hall
Schleizerstr. 109 ´
95028 Hof-Saale
Tel.: 09281/3351

Airport Skate Park
Flugplatz Lahr
77933 Lahr
Tel.: 078121/51699

Fun Box
Schinderstr. 28
84030 Landshut/Ergolding
Tel.: 0871/77707

Radi-cal-LE
Spinnereistr.
04179 Leipzig
Tel.: 0341/4980321

Collosseum Skate Park
Elzer Str. 2-4
65556 Limburg-Staffel
Tel.: 06431/27191

Line Fun
Kronsforder Allee 130
23560 Lübek
Tel.: 0451/392039

Skate Club Sauerland
Jahnstr.
58511 Lüdenscheid
Tel.: 02351/380925

skate 'n' fun
Grafinger Str. 6
80779 München
Tel.: 089/49001313

Olymipapark München
Eislaufzelt/Spiridon-Louis-Ring
80809 München
Tel.: 089/30672150

Funpark
Dechbettnerstr. 23
93049 Regensburg
Tel.: 0941/26262

Fun Center
Berliner Str. 8
89250 Senden
Tel.: 07370/939333

Skate Factory
Spinnereistr. 1
88239 Wangen/Allgäu
Tel.: 07522/9126069

Kattwinkelfabrik
Kattwinkelstr. 3
42929 Wermelskirchen
Tel.: 02196/72400

Kulturzentrum Schlachthof
Gartenfeldstr. 57
65189 Wiesbaden
Tel.: 0611/731212

Skate World
An der Feldmark 11
31515 Wunstorf
Tel.: 0172/5105053

Pipeline
Auf der Bleiche 9
42289 Wuppertal
Tel.: 0202/262880

Kontaktadressen

In-Line-Skating Verband :

DRIVe-Ausbildung Inline-Skating
Postfach 50 01 05
44201 Dortmund
Tel.: 0231 / 75 34 42
Fax : 0231 / 75 34 44

DIV-Aggressive
Flint - Kaserne
83646 Bad Tölz
Tel.: 08041 / 21 80
Fax : 08041 / 20 31

Hersteller / Firmen :

Atomic Oxygen Germany
Am Kirchenhölzl 13
82166 Gräfelfing
Tel.: 089/89 801 14

Benetton Sport-system Deutschland
Röntgenstr. 3-5
85716 Unterschleißheim
Tel.: 089/31 77 430

Escape Clothing
Hasslerstr. 1 b
83059 Kolbermoor
Tel:. 08031/975 11

G-Ramps
Flint - Kaserne
83646 Bad Tölz
Tel.: 08041/21 80
Fax : 08041/20 31

HTB-Inline-Products
Hingbergstr. 66
45468 Mülheim / Ruhr
Tel.: 0208/991 66 0

Mako Sport
Industriestr. 10 a
82110 Germering
Tel.: 089/89 42 540

Powerslide
Esbachgraben 3
95463 Bindlach
Tel.: 09208/60 10 0

Sunshine Products
Högeringer Str. 33
83071 Stephanskirchen
Tel.: 08036/90 45 25

Vertical Technik
Postfach 143
CH-4142
Münchenstein 2
Tel.: 0041/614 114 100

Aggressive Zukunft - hier grindet schon der Nachwuchs über kalifornische Rails! Und wir – wir zeigen's nun den Europäern!

Register